MW00813393

Bettger, Frank,
Cómo pas de se ur
fracaso en as v ta
©2016.
333052436 47
gi   10/ 5 8

CÓMO TRIUNFÉ
EN VENTAS

Frank Bettger

Copyright 2016 by BN Publishing

© BN Publishing
Fax: 1 (815)6428329
Contacto: info@bnpublishing.net
www.bnpublishing.net
Diseño y diagramación: K.S
Diseño Portada: J.N.
Traducción: Mario Burley

Reservados todos los derechos.
Queda prohibida sin la autorización escrita
de los titulares del copyright,
la reproducción total o parcial de esta obra por cualquier
medio o procedimiento.

A

MI ESPOSA HAZEL,

cuyos ánimos, guía e inspiración, son parte integrante de cada página de este libro.

INDICE

TERCERA PARTE

SEIS MODOS DE ATRAERSE Y CONSERVAR LA CONFIANZA AJENA

LO QUE PIENSO DE ESTE LIBRO

POR DALE CARNEGIE

Conozco desde 1917 a Frank Bettger, autor de este libro. El camino de su vida estuvo lleno de espinas, fue poca su instrucción escolar y jamás llegó a graduarse. El relato de aquélla ha constituído un gran éxito en Norteamérica.

Su padre murió siendo él apenas un muchacho. Aquí dejaba a su esposa con cinco niños. Cuando él tuvo once años, tenía que levantarse a las cuatro y media de la mañana para vender periódicos en las esquinas y ayudar así a su madre viuda, que se dedicaba a lavar y planchar ropa para sacar adelante a su familia. Me ha referido el señor Bettger que hubo muchos días en los que toda su cena estuvo constituida por unas gachas a base de harina de maíz y leche descremada.

A los catorce años tuvo que dejar la escuela; se empleó como ayudante de un instalador de calderas. A los dieciocho, llegó a ser jugador profesional de beisbol, y durante dos años jugó como "tercera base" con los "Cardenales" de San Louis. Pero, un día en Chicago, Illinois, mientras jugaba contra los "Cubs" de Chicago, se lesionó el brazo teniendo que abandonar el beisbol.

Retornó a Filadelfia, su ciudad natal, y cuando le conocí tenía veintinueve años, trataba de vender seguros de vida, y era un verdadero fracaso como vendedor. Sin embargo, en los doce años siguientes ganó bastante dinero para comprarse una finca rústica que le costó setenta mil dólares, y pudo retirarse a los cuarenta. Me consta. Lo he visto todo. Le he visto elevarse desde el fracaso total hasta convertirse en uno de los vendedores más destacados y mejor pagados de los Estados Unidos. La verdad es que, hace unos pocos años, le convencí para que trabajase a mi lado y contara su historia en una serie de cursos que duraban una semana y que yo explicaba bajo los auspicios de la "Cámara Junior de Comercio" de los Estados Unidos, y cuyo programa abarcaba "Entrenamiento para la Jefatura, Relaciones Humanas y el Arte de Vender."

Frank Bettger se ha ganado el derecho de hablar y escribir sobre estos temas, pues ha llevado a cabo casi 40,000 visitas para vender, o sea el equivalente a cinco visitas diarias durante más de veinticinco años.

El primer capítulo, "Cómo Una Idea Multiplicó Mis Ingresos y Felicidad," es para mí la conferencia más inspiradora y con mayor fuerza entusiasta que he oído en mi vida. El entusiasmo sacó a Frank Bettger de las filas del fracaso y le ayudó a transformarse en uno de los vendedores mejor pagados de toda la nación.

Vi a Frank Bettger pronunciar sus primeras charlas titubeantes delante de un público, y le he visto causar la delicia e inspirar a grandes auditorios en todo el amplio camino que va desde Portland, Oregon, hasta Miami, Florida. Luego de ver el sorprendente efecto que causa en la gente, le apremié para que escribiese un libro, relatando *sus* experiencias, *sus* técnicas, y *su* filosofía en las ventas, exactamente igual que se las refirió a miles de personas a través de todo el país, desde su tribuna de conferencista.

He aquí, pues, al libro más sugerente y mejor auxiliar para vender, que he leído jamás, un libro que prestará gran ayuda a los vendedores, independientemente de que vendan seguros, o zapatos, o barcos, o cera, y que seguirá prestándosela mucho tiempo después que Frank Bettger haya abandonado este mundo.

He leído todas sus páginas. Puedo recomendarlo con entusiasmo. Así como hay quien camina un kilómetro para conseguir un cigarrillo, así, cuando empecé a vender, habría ido gustoso a pie desde Chicago a Nueva York para adquirir un ejemplar de este libro, si entonces hubiera podido conseguirse.

A QUÉ FUE DEBIDO QUE YO ESCRIBIESE ESTE LIBRO

Un día, en forma puramente accidental, coincidí en el tren de Nueva York con Dale Carnegie. Dale tenía un compromiso en Memphis, Tennessee, y allá iba a dar algunas conferencias. "Frank", me dijo, "he estado dando unos cursillos de una semana, auspiciados por la "Cámara Junior de Comercio" de los Estados Unidos; ¿por qué no se viene conmigo y da algunas charlas sobre ventas?"

Pensé que estaba bromeando y por eso le contesté: "Dale, usted bien sabe que ni siquiera llegué a graduarme en la escuela. No estoy capacitado para dar conferencias sobre ventas."

"Diga simplemente cómo se elevó desde el fracaso hasta el triunfo, dedicándose a vender," insistió. "Explique sencillamente lo que *usted* hizo."

Lo pensé con interés, y repuse, "Bueno, creo que eso sí puedo hacerlo."

Al poco tiempo, Dale y yo estábamos dando conferencias por todo el país. Hablábamos al mismo público cuatro horas cada noche durante cinco noches consecutivas. Comenzaba Dale hablando una hora, yo le seguía, haciendo lo propio durante media hora.

Posteriormente, Dale me indicó en una ocasión: "Frank, ¿por qué no escribe un libro? Muchos de los volúmenes que tratan de ventas han sido escritos por gente que jamás vendió nada. ¿Por qué no escribe un libro distinto respecto al arte de vender? Un libro en el que se refiera precisamente lo que usted hizo, un libro donde se explique cómo se elevó desde el fracaso hasta el triunfo, dedicándose a vender. Cuente la historia de su propia vida. Ponga el pronombre "Yo" en cada frase. Que no sean conferencias. Relate la historia de su vida como vendedor.

Cuantas más vueltas le daba a esta idea, más pensaba que pudiera parecer egoísta.

"No quiero hacer eso," repliqué.

Pero Dale se pasó una tarde entera conmigo, argumentando para que contase mi historia, exactamente lo mismo que lo había hecho desde la tribuna del conferencista.

"En todas las ciudades donde damos nuestras conferencias, los muchachos de la "Cámara Junior de Comercio" preguntan si Frank Bettger va a recopilar sus conferencias en un libro," insistió Dale. "Probablemente usted pensó que aquel joven de Salt Lake City estaba bromeando cuando entregó cuarenta dólares por adelantado, para que se le enviase el primer ejemplar de ese libro, pero no fue así. Sabía que su lectura le produciría mucho más de esa cantidad. . ."

De forma que, poco tiempo después, ya estaba yo escribiendo un libro.

En estas páginas, he procurado referir la historia de mis estúpidos desatinos y errores, y detallar precisamente lo que hice para salir de las garras del fracaso y la desesperación. Cuando me dediqué a vender, ya llevaba dos fracasos encima. Sabía acerca de las ventas lo mismo que puede saber un conejo. Mis ocho años de beisbolero parecían incapacitarme para algo tan remotamente disímbolo como es el vender. Si los "Lloyds" de Londres hubiesen apostado sobre mí lo habrían hecho dando mil a uno, en la seguridad de que fracasaría. Y, por mi parte, no tenía en mí mucha más confianza de la que hubieran podido tener los "Lloyds".

Espero que ustedes me perdonarán por el uso continuo del pronombre "Yo". Si en este libro se encontrase algo que diera la impresión de que estoy presumiendo, conste que esa no es mi intención. Cuanto énfasis se encuentre aquí va destinado únicamente a subrayar lo que estas ideas hicieron por mí, y lo que harán por todo aquel que las aplique debidamente.

Mi intención ha sido escribir el libro de la clase que me habría gustado encontrar cuando empecé a vender. Helo aquí. Confío que les agrade.

PRIMERA PARTE

ESTAS IDEAS ME ARRANCARON A LAS GARRAS DEL FRACASO

1. CÓMO UNA IDEA MULTIPLICÓ MIS INGRESOS Y MI FELICIDAD

POCO DESPUÉS de haber empezado como jugador profesional de beisbol, recibí uno de los mayores golpes de mi vida.

Esto ocurrió en 1907. Yo jugaba con el equipo de Johnstown, Pennsylvania, en la Liga Tri-Estatal. Era joven y ambicioso —quise llegar a la cima— ¿y qué ocurrió? ¡Fui despedido! Toda mi vida habría sido diferente si no me hubiera ido al entrenador para preguntarle *por qué* me despedía. La verdad es que no hubiese tenido el raro privilegio de escribir este libro si no le hubiera formulado aquella pregunta.

¡El entrenador respondió que me echaba por holgazán! La verdad es que yo esperaba cualquier cosa, menos esto.

—Te arrastras por el campo como un veterano que hubiera estado veinte años jugando al beisbol, —me explicó—. ¿Por qué haces eso sino porque eres un holgazán?

—Bien, Bert, —exclamé—, estoy tan nervioso, tan atemorizado, que pretendo ocultar mis temores de la gente, y especialmente de los demás jugadores del equipo. Además, confío en que tomándolo con calma, podré eliminar mi nerviosismo.

—Frank, —replicó—, eso no te servirá nunca. A ello se debe la baja calidad de tu actuación. ¡Cualquier cosa a la que te dediques cuando salgas de aquí, por el amor de Dios, despierta, y pon vida y entusiasmo en tu trabajo!

175 dólares mensuales era lo que yo ganaba en Johnstown. Cuando me despidieron, fui a Chester, Pennsylvania, correspondiente a la "Liga Atlántica", donde me pagaban 25 dólares al mes. La verdad es que no podía sentir mucho entusiasmo

con tan poco dinero, pero empecé a actuar entusiásticamente. Cuando llevaba tres días allí, un viejo jugador, Danny Meehan, vino a mí y me dijo:

—Frank, ¿qué demonios estás haciendo en un equipo tan modesto como éste?

—Mira, Danny —repliqué—, si supiera donde conseguir un puesto mejor, allá iría enseguida.

Una semana después, Danny conseguía que New Haven, Connecticut, me diese una oportunidad. Mi primer día en New Haven figurará siempre en mi memoria como uno de los acontecimientos más importantes de mi vida. Nadie me conocía en aquella "liga", así que tomé la resolución de que nunca pudieran acusarme de holgazán. Me hice a la idea de que me reputaran como el jugador de beisbol más entusiasta que habían visto nunca en la "Liga de Nueva Inglaterra". Pensé que si lograba hacerme una reputación semejante, no me quedaría más remedio que seguir manteniéndola.

Desde el momento en que aparecí en el campo, me comporté igual que un hombre electrificado. Jugué como si me moviese un millón de baterías. Arrojaba la pelota en el "diamante" con tanta dureza y tal rapidez que los otros jugadores se veían en dificultades para seguir mi juego. Una vez, atrapado en apariencia, me deslicé en tercera base con tanta energía y fuerza que el "tercera base" se apoderó desmañadamente de la pelota y así pude correr y marcar una carrera de importancia. Sí, todo ello era como si estuviese representando una obra teatral. Ese día, el termómetro alcanzó casi los 100°. No me habría sorprendido caer víctima de una congestión, por la manera que corrí alrededor del campo.

¿Sirvió de algo? Tuvo efectos mágicos. Sucedieron tres cosas, a saber:

1. Mi entusiasmo llegó casi a dominar mis temores. La realidad fue que mi nerviosismo empezó a trabajar en favor mío, y jugué muchísimo mejor de

lo que yo mismo me suponía capaz. (Si ustedes se encuentran nerviosos no lo lamenten. No procuren dominarse. Al contrario. Dejen que esos nervios suyos trabajen en su favor.)

2. Mi entusiasmo afectó a los otros jugadores del equipo, y también ellos se entusiasmaron.

3. En vez de que el calor me abatiera, me sentí mejor durante el juego y cuando hubo terminado, de lo que me había sentido en mi vida.

Mi mayor placer lo experimenté a la mañana siguiente cuando leí en el periódico de New Haven: "Bettger, el jugador nuevo, posee un formidable entusiasmo. Inspiró a nuestros muchachos. No sólo ganaron el juego, sino que su aspecto era mejor que en ningún otro momento de la temporada."

Los diarios comenzaron a llamarme "Pimienta" Bettger, la vida del equipo. Envié por correo los recortes de prensa a Bert Conn, entrenador de Johnstown. ¿Se imaginan ustedes la expresión de su rostro al leer lo de "Pimienta" Bettger, el individuo que tuvo que despedir tres semanas antes. . . por ser un *perezoso?*

En el término de diez días, mi *entusiasmo* me llevó de los 25 dólares a los 185 mensuales. . . mis ingresos habían aumentado en un 700 por ciento. ¡Permítaseme que lo repita: sólo el determinarme a actuar con entusiasmo aumentó mis ingresos un 700 por ciento en diez días! Logré ese aumento estupendo de sueldo no porque lanzase mejor la pelota, o fuese un "catcher" o un bateador más hábil, no porque jugara mejor. En ese momento no sabía más de beisbol que antes.

Dos años más tarde, dos años a partir del momento en que principié ganando 25 dólares mensuales en aquel pequeño equipo de Chester, ya estaba yo jugando como "tercera base" en los "Cardenales" de San Luis, y mis ingresos habían aumentado en treinta veces. ¿Quién hizo el milagro? Solamente el entusiasmo; nada más que el entusiasmo.

Al cabo de dos años, mientras jugaba en Chicago contra
los "Chicago Cubs", tuve un grave accidente. Al devolver una
pelota, arrojándola en dirección contraria, algo crujió en mi
brazo. Este accidente me obligó a dejar el beisbol. Y lo que
en ese instante me pareció una gran tragedia, ahora, al volver atrás la vista, me parece uno de los acontecimientos más
afortunados de mi vida.

Regresé al hogar, y me pasé los dos años siguientes ganán-
dome la vida a base de tener que recorrer toda Filadelfia mon-
tado en una bicicleta. Era cobrador de una casa instaladora de
mobiliarios; un dólar "de entrada" y el resto en desagradables
abonos semanales. Después de pasarme dos años agotadores
como cobrador, decidí intentar vender seguros en la "Fidelity
Mutual Life Insurance Company".

Los diez meses siguientes fueron los más largos y desalentadores de mi vida.

Un triste fracaso como vendedor de seguros de vida, me
llevó finalmente a la conclusión de que *yo no había sido hecho
para vendedor,* y comencé a contestar a cuantos anuncios del
periódico solicitaban un empleado de oficina. Comprobé, sin
embargo, que se tratara del trabajo que fuese, lo primero que
tenía que hacer era vencer el complejo de miedo que me poseía
por completo, de manera que asistí a uno de los cursos de Dale
Carnegie "para hablar en público". Una noche, el señor Carnegie me detuvo a mitad de una charla.

—Señor Bettger —exclamó—, aguarde un momento... sólo
un momento. ¿Siente verdadero interés por lo que está diciendo?

—Sí... claro que lo siento, —repuse.

—Bueno, entonces ¿por qué no habla con un poco más de
entusiasmo? —quiso saber el señor Carnegie—. ¿Cómo espera
interesar al público, si no da vida y animación a lo que está
diciendo?

Dale Carnegie nos dio entonces una clase interesantísima
refiriéndose a la fuerza del entusiasmo. Se excitó de tal modo

durante las explicaciones, que lanzó una silla contra la pared y le rompió una pata.

Esa noche, antes de meterme en la cama, me pasé una hora meditando. Mis pensamientos volvieron a los días en que jugué al beisbol en Johnstown y New Haven. Por primera vez, me di cuenta de que la misma falta que había amenazado echar a perder mi carrera de jugador, era la que estaba amenazando desbaratar ahora mi actuación como vendedor.

La decisión tomada esa noche hizo cambiar mi vida por entero. Esa decisión fue seguir en el negocio de los seguros y poner el mismo entusiasmo al vender que puse cuando jugaba al beisbol en el equipo de New Haven.

Jamás olvidaré la primera visita que hice al día siguiente. Fue mi primera sesión "de aplastamiento". Me hice a la idea de tener que aparecer ante mi prospecto como el vendedor más entusiasta que hubiera visto nunca. Mientras, excitado, di algunos puñetazos sobre la mesa, esperé que en el momento menos pensado aquel hombre me detendría para preguntarme si me sucedía algo malo. . . ¡pero no lo hizo!

En cierto punto de la entrevista, noté que adoptaba una postura más erguida y abría más los ojos, pero no llegó a detenerme, salvo para formular algunas preguntas. ¿Me echó del despacho? ¡No, compró! Este hombre, Al Emmons, comerciante en cereales, con su oficina en el "Bourse Building" de Filadelfia, pronto se convirtió en uno de mis buenos amigos y de los que más me animaron.

A partir de ese día, principié a vender. La Magia del Entusiasmo empezó a ayudarme en mi negocio, exactamente lo mismo que ocurrió cuando jugaba al beisbol.

No quiero dar a nadie la impresión de que yo piense que el entusiasmo consista en dar puñetazos sobre una mesa. . . pero si dar puñetazos es lo que ustedes necesitan para crecerse interiormente, entonces me inclino por ellos. Puedo asegurarles que cuando enérgicamente me propongo *actuar* con entusiasmo, no tardo en *sentirme* entusiasmado.

En mis treinta y dos años de vendedor, he visto cómo el entusiasmo duplicaba y aun triplicaba los ingresos de docenas de vendedores, y he advertido que su carencia originaba el fracaso de docenas de otros.

Creo firmemente que el entusiasmo es con mucho el mayor factor para triunfar en ventas. Por ejemplo, conozco a un hombre que es una autoridad en los seguros —podría incluso escribir un libro acerca de este tema— y, sin embargo, no es capaz de tener buenos ingresos vendiéndolos. ¿Por qué? En gran parte debido a su falta de entusiasmo.

Sé de otro vendedor que no sabe la décima parte de aquel, y, no obstante, ha ganado una fortuna vendiendo seguros, y se ha retirado a los veinte años de trabajo. Su nombre es Stanley Gettis. Ahora vive en Miami Beach, Florida. La razón de sus notables triunfos no consistió en saber, sino en tener entusiasmo.

¿Puede adquirirse el entusiasmo... o debe nacerse con él? ¡Indudablemente puede adquirirse! Stanley Gettis lo adquirió. Llegó a ser una dínamo humana. ¿Cómo? Sólo auto-obligándose diariamente a proceder con entusiasmo. Como parte de su plan, Stanley Gettis repitió un poema casi todas las mañanas durante veinte años. Observó que repetirlo le ayudaba a generar entusiasmo para todo el día. Encontré este verso tan inspirador que lo hice imprimir en una tarjeta y la he regalado por centenares. Fue escrito por Herbert Kauffman y lleva un título hermoso...

VICTORIA

Eres el hombre que solía jactarse
De que haría lo inimaginable,
Algún día.

Simplemente buscabas exhibirte,
Demostrar lo mucho que sabes
E indicar hasta donde puedes llegar...

Un año más acabamos de pasar.
¿Qué nuevas ideas concebiste?
¿Cuántas cosas grandes has hecho?

El tiempo... te entregó doce meses
¿Cuántos de ellos usaste
Con oportunidad y audacia
Para rectificar tus frecuentes errores?

No te hemos hallado en la lista de los que hacen el Bien.
¡Explica ese hecho!
¡Ah no, no te faltó la oportunidad!
¡Como de costumbre, te poseyó el desgano!

¿Por qué no memorizar este poema, y repetirlo diariamente? Puede hacer en favor de ustedes lo mismo que hizo por Stanley Gettis.

En cierta ocasión leí una afirmación hecha por Walter P. Chrysler. Quedé tan impresionado con sus palabras, que la llevé una semana en el bolsillo. Puedo asegurar que la leí más de cuarenta veces, hasta saberla de memoria. Quisiera que la memorizasen todos los vendedores. Cuando a Walter Chrysler le preguntaron en qué consistía el secreto del éxito, apuntó las diferentes cualidades, tales como habilidad, capacidad, energía, pero añadió que el verdadero secreto era el entusiasmo. "Sí, más que entusiasmo," agregó, "yo le llamaría excitación. Me agrada ver que los hombres se exciten. Cuando lo hacen, logran excitar también a los clientes, y entonces es cuando se hacen los negocios."

El entusiasmo es la cualidad·mejor remunerada de la tierra, probablemente porque es una de las más raras; y, sin embargo, es una de las más contagiosas. Es más que probable que si uno procede con entusiasmo, su oyente se entusiasme también, aun cuando se le expongan pobremente las ideas. Sin entusiasmo, todo cuanto se diga para vender será algo tan muerto como el pavo navideño del año pasado.

El entusiasmo no es simplemente una expresión exterior. Tan pronto ha comenzado a adquirirse, el entusiasmo trabaja constantemente por dentro de uno. Es posible que uno esté sentado en su casa... se le ocurre una idea... esa idea empieza a desarrollarse... finalmente, el hombre arde en entusiasmo... nada podrá ya detenerle.

También ayuda a vencer el miedo, a salir triunfante en los negocios, a ganar más dinero, a disfrutar una vida más saludable, más plena y más feliz.

—¿Cuándo pueden empezar? Ahora mismo. Simplemente díganse para sus adentros, "Esta es una cosa que yo puedo hacer."

¿Cómo puede comenzarse? Pues no hay más que una regla:

Para ser entusiasta... óbrese con entusiasmo.

Llévese a efecto esta regla durante treinta días y estése preparado para ver resultados sorprendentes. Es posible que llegue a revolucionar toda la vida de quien la ponga en práctica.

Todas las mañanas, al ponerse en pie, repitan con ademanes enérgicos y todo el entusiasmo que puedan generar, estas palabras:

¡Obligándome a obrar con entusiasmo, acabaré siendo entusiasta!

Les recomiendo releer muchas veces este capítulo escrito por Frank Bettger, y tomar la alta y sagrada resolución de duplicar la cantidad de entusiasmo que hasta ahora han puesto en su trabajo y en su vida toda. Si llevan adelante esta resolución, probablemente duplicarán sus ganancias y también su felicidad.

DALE CARNEGIE

2. ESTA IDEA ME HIZO VOLVER A VENDER, DESPUÉS DE HABERLO DEJADO

VOLVIENDO LA VISTA a los años transcurridos, me asombro viendo cómo las trivialidades cambiaron el curso de mi vida. Conforme he dicho ya, después de diez meses miserables, desalentadores, intentando vender seguros de vida, deseché toda esperanza de llegar a vender cosa alguna. Renuncié, y me pasé varios días contestando a cuantas ofertas de trabajo se anunciaban en los periódicos. Pretendía un puesto de empleado de almacén, porque como mozo había trabajado ya en la "American Radiator Company", clavando clavos en los cajones y poniéndoles etiquetas para ser embarcados. Mi instrucción era limitada, pero me sentía capacitado para esta clase de trabajo. Pero ni siquiera un empleo de esa clase me era dable conseguir.

No sólo estaba descorazonado; me hallaba en lo más profundo de la desesperación. Pensé en volver a recoger mi bicicleta para seguir cobrando las facturas de George Kelly. Mi esperanza mayor consistía en regresar a mi antiguo empleo de 18 dólares semanales.

Me había dejado en la oficina de la compañía de seguros, la pluma estilográfica, una navajita y algunos otros objetos personales. De manera que una mañana pasé a recogerlos. Esperaba permanecer allí unos cuantos minutos nada más, pero cuando estaba sacando esas cosillas del escritorio, el presidente de la compañía, el señor Walter LeMar Talbot, y todos los vendedores entraron en la sala para celebrar una reunión. No podía marcharme pasando inadvertido, de modo que permanecí sentado y escuché las pláticas de algunos vendedores. Cuanto más hablaban, más descorazonado me sentía. Se referían a cosas que yo estaba seguro de no poder hacer. Luego, escuché al presidente, señor Talbot, emitir un juicio que, durante los últimos treinta y un años, ha tenido en mi vida el efecto más profundo y duradero. *Ese juicio era el siguiente:*

Señores, después de todo, este negocio de las ventas se reduce a una cosa, a una sola cosa... ¡a ver gente! ¡Indíquenme un hombre de habilidad normal, que se lance a la calle y refiera, con interés, su historia a cuatro o cinco personas todos los días, y yo les mostraré a un hombre que sabe cómo se debe trabajar!

Bueno, pues esas palabras me sacaron del asiento. Comprendí que todo lo dicho por el señor Talbot era la pura verdad. Éste era un hombre que había empezado a trabajar en la compañía, cuando sólo tenía once años; se fue abriendo camino por todos los departamentos; había trabajado varios años también como vendedor en la calle. Sabía lo que estaba diciendo. Todo fue como si el sol hubiera surgido de pronto, abriéndose paso entre las nubes. Me hice el propósito de seguir sus palabras al pie de la letra.

Me dije para mis adentros, "Escucha, Frank Bettger, tienes dos piernas magníficas. Puedes echarte a la calle y diariamente tratar de vender a cuatro o cinco personas; esta será la única forma de que hagas algo... así lo ha dicho el señor Talbot."

La verdad es que me sentí contento. ¡Qué gran alivio experimenté al comprender que ahora era cuando las cosas iban a marchar bien para mí!

Eso ocurrió exactamente diez semanas antes de acabarse el año. Decidí que durante ese tiempo llevaría un registro de las visitas efectuadas, sólo para tener la seguridad de ver cuando menos a cuatro personas todos los días. Al llevar este registro, descubrí que podía hacer muchas más visitas. Pero descubrí también que el ver a cuatro personas diariamente, una semana tras otra, representaba un gran trabajo. Me hizo comprender cuán poca gente en realidad había yo visto anteriormente.

En esas diez semanas, vendí 51,000 dólares de seguros de vida... ¡más de lo que fui capaz de vender durante los diez meses anteriores! No era mucho, pero me demostró que el señor Talbot supo lo que estaba diciendo. ¡Yo podía vender!

Entonces vine a darme cuenta de que mi tiempo valía algo, y determiné que en el futuro lo malgastaría todo lo menos posible. Pensé, no obstante, que no sería preciso seguir llevando el registro.

A partir de ese instante, por alguna razón, mis ventas se esfumaron. Pocos meses después, me encontré sumido en la misma confusión mental que había estado antes. Un sábado por la tarde, regresé a la oficina, me encerré en una salita de conferencias, y me acomodé en un sillón. Me pasé tres horas sentado allí, diciéndome para mis adentros: "¿Qué me ocurre? ¿Qué es lo que anda mal?"

Solamente llegué a una conclusión. Todo se reducía a una sola cosa. No me quedó otro remedio que admitirlo. Ya no visitaba gente.

"¿Cómo voy a auto-obligarme a ver gente?" pensé. "Desde luego tengo un poderoso incentivo. Necesito el dinero. *No soy un holgazán.*"

Al fin, determiné volver a llevar registro de visitas.

Un año después, orgullosamente me puse de pie en la reunión de nuestra agencia y entusiasmado lo conté todo. *Secretamente había llevado un registro completo de mis visitas durante esos doce meses.* Eran exactos, pues todos los días anotaba las cifras. Había llevado a cabo 1,849 visitas. Aparte de estas visitas, había entrevistado a 828 personas, cerrado 65 ventas, y mi comisión se elevaba a 4,251.82 dólares.

¿Cuánto salía valiendo cada visita? Hice la cuenta. Cada una me había producido 2.30 dólares. ¡Piensen en esto! Un año antes, me sentía tan desalentado que renuncié. Ahora, cada visita realizada, *independientemente de que viese o no al hombre, dejaba en mi bolsillo 2.30 dólares.*

Nunca encontraré palabras para expresar la fe y el ánimo que me dio este registro.

Posteriormente, indicaré cómo el llevar un registro me ayudó a auto-organizarme de tal suerte que gradualmente fui aumentando el valor de mis visitas de los 2.30 dólares hasta los 19 dólares cada una; como en el transcurso de los años, fui reduciendo el promedio de ventas, que había empezado siendo de 1 por cada 29 visitas, a 1 por 25, de ahí pasé a 1 por cada 20, a 1 por 10, y finalmente a 1 en cada tres visitas. Permítaseme citar ahora un ejemplo:

Los registros indicaban que el 70 por ciento de mis ventas tenía lugar en la primera entrevista, el 23 por ciento en la segunda, y el 7 por ciento en la tercera y otras posteriores. Pero pongan atención a esto: El 50 por ciento de mi tiempo lo malgastaba yendo en persecución de ese último 7 por ciento. "¿Entonces, por qué molestarme a causa de ese 7 por ciento?", pensé. "¿Por qué no dedicar todo el tiempo a la primera y segunda entrevistas?" Esta sola decisión, hizo que el valor de cada visita aumentara de 2.80 dólares a 4.27.

Sin los registros yo no tenía medio de saber lo que marchaba mal. Me inspiré más estudiando mis registros, que leyendo un sinnúmero de revistas. Clay W. Hamlin, uno de los mayores vendedores del mundo, frecuentemente me ha inspirado, tanto a mí como a muchos miles de vendedores. Clay me aseguró haber fracasado tres veces antes de comenzar a llevar un registro de trabajo.

"No puedes dar a la pelota si no la ves," advertí que esto se ajustaba tan fielmente a las ventas como al beisbol. Cuando jugué con los "Cardenales", teníamos un "fielder derecho" llamado Steve Evans. Steve era un muchacho alto, fuerte, con toda la contextura de un Babe Ruth, y podía batear casi con tanta fuerza como el propio Babe. Pero Steve tenía una mala costumbre. La de esperar. Únicamente solía empezar a moverse cuando ya tenía dos "strikes" encima. Recuerdo un juego importante en St. Louis... era el momento en que Steve debía batear en el noveno "inning" con dos "out" y las "bases" llenas. Un *batazo* cualquiera habría ganado el juego. Steve recogió su *bate* favorito y echó a andar para colocarse en su puesto. Todos gritaron:

—¡Vamos, Steve, pégale a esa primera pelota!

Tomando posiciones, Steve daba la impresión de que la pelota no se le iba a escapar, pero se le fue... ¡ni siquiera llegó a despegar el *bate* del hombro!

—¡*Strike* uno! —gritó el "umpire".

—¡Vamos, Steve! ¡Dale fuerte a la otra pelota! —suplicaron tanto los jugadores como el público.

Steve se afianzó bien en el suelo y tomó posiciones. De nuevo el "pitcher" le lanzó una pelota derecha.

Una vez más, Steve falló.

—¡Segundo *strike*! —aulló el "umpire".

—¡Evans! —Gritó Roger Bresnahan, nuestro entrenador, desde la línea de *tercera base*—. ¿A qué diablos estás esperando?

—¡Al primero y al quince, nada más! —le replicó el jugador, a gritos. (El 1 y el 15 eran los días de paga.)

Cada vez que veo a los vendedores sentados en la oficina durante las horas que debieran andar vendiendo, por la calle, entregados a mirar y remirar las tarjetas con los nombres y datos de los prospectos, me parece volver a contemplar a Steve Evans con su "bate" al hombro, dejando pasar las mejores, y escuchar los gritos de Bresnahan: "Evans, ¿a qué diablos estás esperando?"

Vender es el trabajo más sencillo del mundo si lo hace uno dedicándole sus cinco sentidos, pero el más difícil y pesado cuando no se le concede todo el interés debido.

Es cosa sabida que los buenos médicos no tratan los efectos, sino la causa. De forma que vayamos derechos al fondo del asunto, si es que nos proponemos vender:

No deben cobrarse las comisiones hasta haber realizado la venta.

La venta no está hecha, hasta tener la solicitud, o el pedido, en la mano.

No se habrá escrito el pedido, hasta celebrar la entrevista con el cliente.

Y no se tendrá la entrevista hasta haber hecho la *visita*.

He aquí todo explicado en bien pocas palabras. Esta es toda la base en el negocio de las ventas... ¡Visitas!

3. HICE UNA COSA QUE ME AYUDÓ A DESTRUIR EL MAYOR ENEMIGO A QUE TUVE QUE ENFRENTARME

MIS GANANCIAS fueron tan pequeñas durante aquel primer año, que tuve que dedicar una parte de mi tiempo a entrenar al equipo de beisbol del "Swarthmore College". Un día, me invitó la "Y. M. C. A." de Chester, Pa., para que diese una charla acerca de un tema deportivo. Cuando leí la carta comprendí que me era completamente imposible aceptar aquella invitación. ¿Cómo iba a tener el valor de dirigirme a un centenar de personas, cuando me faltaba para hablar en forma convincente a un solo hombre?

Entonces fue cuando empecé a comprender que si esperaba llegar a conseguir buenos resultados en lo que fuese, tendría que empezar por vencer la timidez y el miedo de hablar con los extraños.

Al día siguiente, fui a la "Y. M. C. A.", situada en el 1421 de Arch Street, Filadelfia, y expuse al director de educación la razón por la cual yo creía que mi charla iba a ser un fracaso. Le pregunté si tenían algún curso que pudiera servirme. Sonrió, y me contestó:

—Tenemos exactamente lo que usted necesita. Venga conmigo.

Cruzamos un largo vestíbulo. Entramos en una sala donde se hallaba sentado un grupo de hombres. Uno de ellos terminaba justamente de hablar, y otro habíase puesto de pie para criticar al conferencista. Nos sentamos en la parte de atrás de la sala. Mi acompañante murmuró a mi oído:

—Este es un curso para hablar en público.

En este momento, se levantó otro hombre y comenzó a hablar. Lo hizo muy mal. Tanto, que me dio ánimo. Me dije para mis adentros, "Con miedo y atontado como estoy, no sería capaz de hacerlo peor que ese."

No tardó en acercarse a nosotros el que había criticado al orador anterior. Fui presentado a él. Se llamaba *Dale Carnegie*.

—Quiero asistir al curso, —le dije.

—Estamos ya a mitad del mismo, —respondió—. Tal vez fuera mejor que esperase. En enero empezaremos una clase nueva.

—No, —repliqué—, deseo comenzar ahora mismo.

—Perfectamente, —exclamó el señor Carnegie, sonriendo. Me tomó del brazo, y añadió—: Usted será el orador siguiente.

Como es lógico, yo estaba temblando, más todavía, me hallaba *aterrado*, pero de todas maneras me las arreglé como pude para decirles por qué estaba allí. Lo hice muy mal, pero por mal que lo hiciese, representó una victoria tremenda para mí. Antes de ese momento, no hubiese sido capaz de ponerme delante de un grupo y decir, "¿Cómo están ustedes?"

Desde entonces hasta el instante en que escribo estas líneas, han transcurrido treinta años, pero aquella noche quedará fija en mi memoria por ser el principio de una de las fases más importantes de mi vida.

Me inscribí en el curso y asistí con toda regularidad a las sesiones semanales.

Dos meses después fui a Chester y di la conferencia. Había aprendido ya que resultaba comparativamente fácil hablar acerca de mis propias experiencias, de forma que expliqué al auditorio de Chester todo cuanto me había ocurrido siendo jugador de beisbol, mi relación con Miller Huggins, y cómo fui a parar a las "grandes ligas" con Christy Mathewson como "pitcher". Me asombró haber podido estar hablando casi media hora, y todavía me dejó más asombrado, que veinte o treinta hombres se acercaran a mí, me estrecharan la mano, y dijeran que lo habían pasado muy bien.

Ese fue uno de los triunfos más grandes de mi vida. Me dio una confianza que nada me había dado hasta entonces. Todo me parecía un milagro. ¡*Fue* un milagro! Dos meses antes, tenía miedo de dirigirme a cualquier persona en forma oficial, y ahora, me encontraba aquí, de pie ante un grupo de cien, con toda su atención puesta en mí, y disfrutando con la experiencia. Cuando salí de aquella sala, era un hombre distinto.

Veinticinco minutos de charla habían bastado para darme mejor a conocer de aquel grupo que si hubiese estado meses enteros haciendo acto de presencia como miembro silencioso.

Para mi sorpresa, J. Borton Weeks, destacado jurisconsulto del Condado de Delaware, que había presidido el acto, me acompañó hasta la estación. Al subir yo al tren, me estrechó la mano, me repitió cariñosamente las gracias, e invitó a que volviera a visitarle en la primera oportunidad que encontrase.

—Uno de mis asociados en el bufete ha estado hablándome acerca de la adquisición de un seguro de vida, —explicó, cuando ya el tren iniciaba la marcha.

"Encontré la oportunidad" de regresar a Chester sorprendentemente pronto.

Pocos años después de todo eso, J. Borton Weeks era nombrado presidente del "Keystone Automobile Club", la segunda sociedad automovilística del mundo por su volumen. Borton Weeks se convirtió en uno de mis mejores amigos y, además, en uno de mis mayores centros de influencia para los negocios.

Por muy provechoso que aquélla resultara, no fue nada en comparación con la confianza en mí mismo y el valor que adquirí gracias al entrenamiento obtenido en aquel curso para hablar en público. Amplió mi visión de las cosas, y estimuló mi entusiasmo; me ayudó a expresar mis ideas en forma más convincente; y me sirvió para destruir el mayor de todos mis enemigos. . . ¡el miedo!

Yo apremiaría a todo hombre o mujer a quien el miedo impida actuar, a todos aquellos que carezcan de valor y confianza en sí mismos, a que asistieran al mejor curso para hablar en público que exista cerca del lugar donde habiten. Pero que no vayan a asistir a un curso cualquiera, sino a uno en el cual les hagan hablar en todas las sesiones, porque esto es justamente lo que se necesita... experiencia para hablar.

Si no puede encontrarse este curso bueno y práctico, hágase lo que hizo Benjamín Franklin. Ben reconoció la importancia de semejante entrenamiento, y formó la "Junta" precisamente aquí en mi ciudad natal. Se reunían una noche a la semana. Designaban un nuevo conferencista para la semana o el mes. Si ustedes no pueden conseguir un buen profesor, critíquense mutuamente, como ya lo hacía la "Junta" hace doscientos años.

Observé que los miembros de nuestra clase que sacaban el mayor beneficio de ella y demostraban haber mejorado más, eran los que daban a su entrenamiento un uso práctico. Por eso, aun en mi modestia oral, busqué oportunidades de hablar en público. Al principio poco me faltó para morirme de miedo, pero luego fui saliendo adelante como Dios me dio a entender.

Incluso fui maestro en una escuela dominical a la que asistían ocho niños. Posteriormente, acepté la superintendencia de una de tales escuelas. Continué en la superintendencia durante nueve años. El efecto de este entrenamiento y experiencia vino a reflejarse en mis conversaciones con todo el mundo. Esta fue una de las mejores experiencias que he tenido en mi vida.

Todos los hombres destacados y triunfantes que he encontrado, eran personas de valor y confianza en sí mismos, y observé que la mayoría era capaz de expresarse en forma convincente.

He advertido que el medio mejor para vencer el miedo y desarrollar el valor y la auto-confianza rápidamente, consiste en hablar en presencia de grupos numerosos. También descubrí que cuando perdí el miedo de hablar en público, perdí asimismo el de hablar individualmente, sin que me importara su situación por elevada que fuera. Esta experiencia y entrenamiento de hablar en público me sacaron de mi concha, me abrieron los ojos ante mis propias posibilidades, y ensancharon mis horizontes. Fue uno de los giros más importantes habidos en mi profesión.

4. EL ÚNICO MEDIO QUE ENCONTRÉ PARA PODER AUTO-ORGANIZARME

N O MUCHO DESPUÉS de haber empezado a guardar registros de mi trabajo, descubrí que yo era uno de los peores auto-organizadores del mundo. Me había fijado una meta de 2,000 visitas al año, a un promedio de 40 por semana. Pero bien pronto me fui quedando tan retrasado que me avergoncé de seguir llevando el registro. Mis intenciones fueron buenas. Me dediqué a tomar nuevas resoluciones que no llegaban a durar mucho. Simplemente, no podía organizarme.

Finalmente llegué a la conclusión de que necesitaba más tiempo para planear el trabajo. Resultaba fácil juntar cuarenta o cincuenta tarjetas con nombres de prospectos y creer que ya estaba preparado. *Eso* no requería mucho tiempo. Pero revisar los registros, estudiar con cuidado cada visita, planear exactamente lo que iba a decirle a cada persona, y hacer luego un horario, organizando las visitas de cada día, desde el lunes hasta el viernes, en orden correcto, requería de cuatro a cinco horas de trabajo francamente intenso.

Así, pues, designé la mañana del sábado, y la denominé "día de la auto-organización." ¿Que si me sirvió de algo este plan? ¡Escuchen con atención! Todos los lunes por la mañana, cuando me lanzaba a la calle, en lugar de tener que ir casi a rastras, iba lleno de entusiasmo y seguridad a ver a la gente. Sentía ansiedad de verla, porque había pensado en ella, estudiado su situación, y llevaba algunas ideas que estimaba podían serle de valor. Al final de la semana, en lugar de sentirme agotado y descorazonado, me encontraba animoso y excitado por el entusiasmo de que la semana siguiente me irían mejor las cosas.

Pocos años después, pude cambiar mi "día de la auto-organización" a la mañana del viernes para que me quedase libre el resto de la semana, olvidándome de los negocios completamente hasta la mañana del lunes. Era sorprendente lo mucho que podía hacer cuando hacía los planes con tiempo suficiente, y causa verdadero asombro ver lo poquísimo que se hace sin eso. Prefiero trabajar cuatro días y medio a la semana ciñéndome estrictamente a un horario para conseguir algún resultado, que no estar trabajando todo el tiempo y no llegar a ninguna parte.

Leí que Henry L. Doherty, el gran industrial, había dicho: "Puedo encontrar empleados para que me lo hagan todo menos dos cosas, *pensar,* y *hacer las cosas con arreglo al orden de su importancia.*"

Ahí estaba precisamente mi dificultad. No obstante, después de tener resuelto ese problema semanal durante muchos años, creo que la verdadera respuesta es simplemente esta: Tomarse el tiempo necesario para pensar y planear.

Al final de este capítulo, encontrarán ustedes una "tabla de horarios semanales". No se trata de una muestra sencilla. La he sacado de mi archivo, empleándola a modo de ilustración. Incluso los nombres son verdaderos. Encontrarán también las "tarjetas-registro" de todo un mes, lo cual puede ser de utilidad para quien trate de planear sus horarios.

Sí, me parece oírles decir, "¡Eso no va conmigo! No puedo vivir ciñéndome a un horario. ¡Sería muy infeliz de ese modo!" Bien, pues les reservo buenas noticias. *Ahora mismo están ustedes viviendo de acuerdo con un horario.* Y si no está planeado, será mucho peor. Permítanme un ejemplo: Hace varios años que un joven acudió a mí en busca de consejo. Se había graduado con todos los honores en una de nuestras escuelas más antigua y reputada, y se había dedicado a la profesión de vendedor por creerla muy prometedora. Dos años después se sentía terriblemente desalentado.

—Señor Bettger, —me dijo—, contésteme francamente, ¿cree usted que esté hecho para ser vendedor?

—No, Ed, —respondí—, no creo que estés hecho para serlo.

Pareció que se le descolgaba la cara, pero seguí diciendo:

—No creo que *nadie* esté hecho para ser vendedor... u otra cosa cualquiera. *Creo que somos nosotros mismos quienes tenemos que hacernos según lo que queramos ser.*

—No le comprendo, —exclamó Ed—. Siempre estoy ocupado, trabajando. Ya ve, ni siquiera me queda tiempo para comprarme una corbata. ¡Si tan siquiera pudiese organizarme!

Empecé a pensar que este joven se hallaba bastante desorientado.

—Ben, —le dije—, ¿por qué no formas parte del "Club de las Seis"?

—¿El "Club de las Seis"? ¿Qué es eso?

—Hace algunos años leí que Benjamín Franklin había dicho que sólo pocos hombres alcanzan edades avanzadas, y menos hay todavía —de cuantos triunfan en la vida— que no sean personas madrugadoras. Así pues, hago que mi despertador suene hora y media antes todas las mañanas. De ese tiempo empleo una hora en leer y estudiar. Naturalmente, comencé a acostarme más temprano, pero de este modo prosperé.

Ese día, Ed prometió comprarse un reloj despertador y pasar a ser un miembro más del "Club de las Seis". Fijó la mañana del sábado como su "día de la auto-organización". Pronto quedaron atrás sus dificultades, y empezó a vender con todo éxito. Cuatro años después, era nombrado por una de las mayores empresas industriales, director para toda la zona del Este.

Aun no hace mucho tiempo entrevisté a uno de los gerentes de la "International Business Machines Corporation", compañía que detenta uno de los promedios más altos en el mundo por el entrenamiento que da a sus vendedores. Le pregunté hasta qué punto consideraban importante su "Hoja Semanal de Trabajo".

—Señor Bettger, —me contestó—, proporcionamos a nuestros agentes de ventas determinados instrumentos que sabemos son esenciales para su triunfo. Nuestro instrumento número uno es precisamente la "Hoja Semanal de Trabajo", que debe llenar el vendedor, dando los nombres de cuantas personas proyecta visitar la semana siguiente, y una copia debe remitírnosla, *anticipándose* al trabajo semanal.

—¿Siguen esta regla en los setenta y nueve países donde opera la compañía? —inquirí.

—Absolutamente, —respondió.

—¿Qué sucedería si un vendedor se rehusara a usar este instrumento número uno? —quise saber.

—No puede ocurrir. Pero si llegara a suceder, ese vendedor dejaría de trabajar con nosotros.

Estas fueron sus palabras exactas.

La mayoría de los hombres triunfadores que he encontrado eran absolutamente implacables en cuanto a su horario. Por ejemplo, Lawrence Doolin, uno de los jefes de la "Fidelity Mutual Life Insurance Company" de Filadelfia, me refirió el otro día una experiencia que acaba de tener. Una noche, Larry, telefoneó al gerente que tenía al frente de la sucursal de Altoona, Pennsylvania, para decirle: "Dick, la semana que viene comenzaré a visitar varias de nuestras sucursales del Oeste. El lunes estaré en Harrisburg. Me gustaría pasar contigo el martes en Altoona."

"Siento verdadera ansiedad por verte, Larry", replicó Dick, "pero me es completamente imposible verte antes del viernes por la tarde."

El viernes siguiente, cuando los dos hombres se sentaron a cenar, Larry comenzó diciendo: "¿Dick, has estado fuera toda la semana?"

"No, en todo ese tiempo no me he movido de aquí."

"¿Es posible que estuvieras aquí, en Altoona, el martes?" inquirió Larry, sorprendido.

"Sí" —respondió sonriendo su interlocutor.

"¿Dick, te das cuenta de lo que me has obligado a hacer?" preguntó Larry, con gran resentimiento. "¡Me has hecho rehacer todo el camino desde Cincinnati! Esta noche tengo que volver allá, para ir enseguida a Detroit."

Acto seguido, Dick Campbell se lo explicó todo:

"Escucha, Larry, antes de que me telefonearas, me había pasado cinco horas el viernes por la mañana planeando el trabajo para toda la semana. El martes era precisamente uno de los días más ocupados. Tenía ya concertadas diversas citas. Haber pasado el martes contigo, habría echado a perder todo mi horario de trabajo. ¡Por favor, Larry, no te ofendas! Si se hubiese tratado de E. A. Roberts, el presidente de la compañía en persona, habría hecho exactamente lo mismo. Todos cuantos éxitos he tenido en este negocio se han debido a que me he negado a permitir que nada o nadie interfiriese mi plan semanal de trabajo, que me dedico a preparar todos los viernes."

Comentando el hecho, Larry Doolin, me decía:

—Frank, cuando oí estas palabras, me sentí molesto. Mas procuré no enfadarme. Pronto comprendí que en esa actitud radicaba el *verdadero secreto* de Dick Campbell, que a ella debe todos sus fenomenales triunfos.

Larry me expuso a continuación, que esa noche, hallándose ya en el tren, sintióse inflamado por un nuevo entusiasmo. Desde aquel día no ha dejado de referir esa historia a cuantos vendedores ha visto en todo el país.

Allá por el año 1926 me pasé casi todo el verano en "Eaton's Dude Ranch", situado en las estribaciones de las Montañas "Big Horn", cerca de Sheridan, en el Estado de Wyoming. Mary Roberts Rinehart, autora de más de cincuenta novelas y una de las escritoras mejor pagadas de América, habíase hecho edificar allí su casa veraniega. Pregunté a la señora Rine-

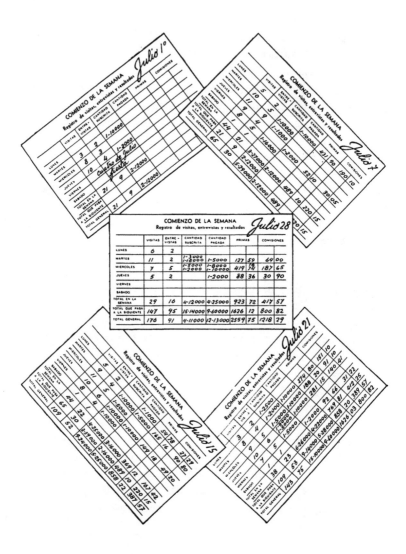

COMIENZO DE LA SEMANA — Julio 28
Registro de visitas, entrevistas y resultados

	VISITAS	ENTRE-VISTAS	CANTIDAD SUSCRITA	CANTIDAD PAGADA	PRIMAS		COMISIONES	
LUNES	6	2	1-3000					
MARTES	11	2	1-18000	1-5000	127	59	64	00
MIERCOLES	7	5	1-5000 1-2000	1-8000 1-10000	419	54	187	65
JUEVES	5	2		1-2000	88	36	30	90
VIERNES								
SABADO								
TOTAL EN LA SEMANA	29	16	4-12000	4-25000	923	72	417	57
TOTAL QUE PASA A LA SIGUIENTE	147	95	15-14000	9-60000	1626	12	800	82
TOTAL GENERAL	176	91	4-11000	12-13000	2559	75	1218	29

TABLA DE HORARIOS SEMANALES

	Lunes 14/6	Martes 15/6	Miércoles 16/6	Jueves 17/6	Viernes 18/6
MAÑANA	Rosengarten Siano	Buehler Boryer Dick	Coale Felton McClennen	Madden Hazlett Weaver	Cortarme el pelo a las 8 A.M. Hacer proyectos de 8:45 a 1
COMIDA	Quigley	Trout	McBride	Kroll	
TARDE	Connelly Dutcher Dick	Lueders Ackley Rigley Levick	Silver Horst Karl	Fretz Paoli Stiefel Derry	
NOCHE	Paul Fisher		Henze		

Típico "horario semanal", que me ayudó a organizarme

51

hart cómo había llegado a ser escritora, y he aquí sus mismas palabras:

> Siempre pensé que podría llegar a escribir, pero carecía del tiempo necesario para ello porque tenía que cuidar de mis tres hijos pequeños y de mi esposo... y también de mi madre, que llevaba varios años inválida. Luego, sobrevino un momento de pánico financiero y lo perdimos todo. Las deudas me ponían frenética. Me hice a la idea de que podría ganar dinero escribiendo, así que me tracé un horario ajustando cada hora de la semana siguiente. Me sentaba a escribir en determinados momentos del día y de la noche, cuando ya los niños se hallaban en la cama y mi esposo, el doctor Rinehart, salía a hacer visitas profesionales.

Pregunté a la señora Rinehart si el trabajar así, con arreglo a un horario pre-establecido, no la deprimía. "Al contrario, mi vida cobró un nuevo aliciente," respondió sonriente.

No sabe Mary Roberts Rinehart hasta qué punto me sirvió de inspiración. Cuando regresé a mi casa, hice un ajuste del tiempo para mi trabajo, infinitamente mejor que antes.

Hace algunos años tuve ocasión de leer un poema de Douglas Malloch. Lo corté de la revista que lo había publicado, y lo pegué en mi libro de recortes. Estuve leyéndolo y releyéndolo hasta que me lo supe de memoria. Me sirvió de mucho. Tal vez pueda también servir a ustedes. Dice así:

> Nada malo puede haber en ti,
> La forma en que vives, el trabajo que haces,
> Mas claramente puedo ver
> Que es precisamente lo que hay de malo en mí.
> No es que yo sea indolente
> O que soslaye el trabajo intencionalmente;

Me esfuerzo tanto como cualquiera,
Y es tan poco, sin embargo, lo que hago,
La mañana se va, ha llegado la tarde.
Antes de darme cuenta, la noche está cerca,
Contemplo lo que me rodea, y lamento
Ver que hay cosas aún sin acabar.
¡Si lograra poder organizarme!
He pensado con frecuencia
Que no es el *hombre* lo que importa;
Sino el plan que se debe trazar.

* * *

Es posible que nada malo haya en ti,
Pero esta es mi dificultad precisamente;
Hago esas cosas que no importan
Mucho, que en realidad no cuentan,
Aunque, al parecer, sean muy importantes
Y dejo por hacer otras muchas más.
Pico aquí, pico allá,
Pero nunca acabo lo que estoy haciendo.
Trabajo tanto como cualquiera,
Y, sin embargo, es tan poco lo que hago,
Resultaría sorprendente lo que haría,
Solamente si llegara a organizarme...

RESUMEN

PRIMERA PARTE

RECORDATORIOS DE BOLSILLO

1. Esfuércense ustedes por obrar con entusiasmo, y llegarán a ser unos verdaderos *entusiastas*. "Tómese la alta y sagrada resolución de duplicar la cantidad de entusiasmo que hasta ahora han puesto en su trabajo y en su vida toda. Si llevan adelante esta resolución, probablemente duplicarán sus ganancias y también su felicidad."

   ¿Cómo pueden empezar? Pues sólo hay un medio: "¡Para llegar a ser un entusiasta, se debe *actuar* con entusiasmo!"

2. Recuérdese la frase pronunciada por Walter LeMar Talbot. "Después de todo, este negocio de las ventas se reduce a una cosa, a una sola cosa... ¡a ver gente! ¡Indíquenme un hombre de habilidad normal, que se lance a la calle y refiera, con interés, su historia a cuatro o cinco personas todos los días, y yo les mostraré un hombre que *sabe cómo se debe trabajar!*"

3. Si ustedes quieren dominar el miedo y estimular el valor y la confianza en sí mismos rápidamente, asistan a un buen curso para hablar en público. Pero no a un curso de

conferencias. Asistan solamente a uno donde les hagan hablar en todas las sesiones. Cuando pierdan el miedo de hablar en presencia de un auditorio, habrán perdido también el de dirigirse a las personas, por muy elevadas e importantes que sean.

4. Una de las mayores satisfacciones de la vida se experimenta después de haber hecho cosas y saber que uno las ha hecho todo lo mejor que es capaz. Si se tropieza con dificultades para auto-organizarse, si se desea aumentar la propia capacidad de pensar, y hacer las cosas en el orden de su importancia, recuérdese que sólo existe un camino: *Dedicar más tiempo a la meditación* y pensar en el valor de cada cosa. Establézcase un día de la semana, destinándolo a la Auto-Organización, o, si se prefiere, otro cualquier momento definido de la semana. Todo el secreto para liberarse de esa ansiedad que produce el no disponer de tiempo suficiente, radica no en trabajar mayor número de horas, sino en su distribución o *planeamiento* adecuado.

FÓRMULA PARA TRIUNFAR EN VENTAS

5. CÓMO APRENDÍ EL SECRETO MÁS IMPORTANTE PARA EL VENDEDOR

UNA· CALUROSA MAÑANA de agosto penetré en las oficinas de "John Scott and Company", importantes abarroteros mayoristas, instaladas en las Calles American y Diamond, y pregunté por el señor John Scott. Harry, uno de sus hijos, me contestó:

—Papá está muy atareado esta mañana. ¿Está citado con él?

—No, no estamos citados, —respondí—, pero es que ha solicitado algunos informes a mi compañía, y vengo a dárselos.

—Bueno, ha llegado usted en el peor día, —comentó el joven. Papá está ahora en su despacho con tres señores, y...

En ese preciso instante John Scott salió y echó a andar en dirección de los almacenes.

—¡Papá! —gritóle su hijo—. Aquí hay una persona que desea verte.

—¿Quería hablar conmigo, joven? —inquirió el aludido, volviéndose a mirarme, cuando ya llegaba a la puerta del almacén.

Le alcancé, y he aquí las palabras que siguieron en la entrevista que sostuvimos de pie:

Yo: Señor Scott, me llamo Bettger. Usted solicitó algunos informes de nosotros, y se me ha ordenado que venga a dárselos *(al mismo tiempo le entregaba la tarjeta firmada por él y remitida a nuestra compañía.)*

Scott: *(Mirándola)* Bien, joven, no quiero ningún informe, pero pensé que no estaría mal recibir ese libro para notas que su compañia me anunció tener reservado para mí. Me escribieron varias cartas diciéndome que tenían un libro con mi nombre impreso, de ahí la razón que tuve al mandar la tarjeta firmada.

Yo: (*Tendiéndole el libro en cuestión*). Señor Scott, estos libros nunca venden por sí ningún seguro de vida, pero nos ayudan a introducirnos, y nos brindan la oportunidad de hablar de nuestro negocio.

Scott: Bueno, tengo tres personas en el despacho, y permaneceré todavía un rato con ellas. Además, sería perder el tiempo ponernos ahora a discutir acerca de seguros. Tengo 63 años; dejé de hacerme seguros bastantes años atrás. La mayor parte de mis pólizas están saldadas. Mis hijos son mayores y están en mejores condiciones para cuidar de sí que pudiera hacerlo yo. Sólo están conmigo mi esposa y una hija, y si algo me sucediera, tendrían más dinero del que fuera bueno disponer.

Yo: Señor Scott, el hombre que, como usted, ha triunfado en la vida, tiene seguramente algunos intereses más que no son únicamente los familiares. Acaso un hospital, alguna obra religiosa, una misión o alguna obra caritativa de meritorio alcance. ¿No ha tenido en cuenta que cuando usted fallezca, desaparecerá con usted el apoyo que reciben? ¿No significaría esta pérdida un grave trastorno o quizá el final de una obra generosa?

(*No respondió a mi pregunta, pero a juzgar por la expresión de su rostro comprendí que había dado en el clavo. Quedó callado y en espera de mis palabras.*)

"Gracias a nuestro plan, señor Scott, usted puede garantizarles su apoyo completo, tanto vivo como muerto. Si vive, dentro de siete años comenzará a recibir un ingreso de 5,000 dólares anuales en cheques mensuales y en tanto usted siga viviendo. ¡Si no precisa de este dinero, podrá obsequiarlo de acuerdo con sus deseos, pero si llegara a necesitarlo, sería para usted una verdadera bendición!

SCOTT: (*Echando una mirada al reloj*). Tenga la bondad de esperarme un poco. Me gustaría hacerle algunas preguntas al respecto.

YO: Aguardaré con mucho gusto.

(*Aproximadamente veinte minutos más tarde, se me ordenó pasar al despacho privado del señor Scott.*)

SCOTT: ¿Cómo dijo que se llama?

YO: Bettger.

SCOTT: Señor Bettger, habló usted de caridades. Sostengo tres misioneros en el extranjero, y doy una cantidad considerable todos los años para obras que llevo en el fondo de mi corazón. Pero, bueno ¿cómo dijo que ese plan suyo les garantizaría mi apoyo si yo muero? ¿Dijo que dentro de siete años empezaría a recibir un ingreso de 5,000 dólares al año... cuánto me costaría eso?

(*Cuando le dije el costo de la póliza, hizo un gesto raro.*)

SCOTT: ¡No! ¡Ni siquiera puedo perder tiempo en estudiar semejante proposición!

(*Entonces, le hice algunas preguntas más acerca de aquellos misioneros que estaban en el extranjero. Pareció agradarle hablar de ellos. Le pregunté si había ido a visitar alguna de esas misiones. No, no lo había hecho, pero uno de sus hijos y su nuera tenían a cargo suyo la misión de Nicaragua, y él proyectaba un viaje hasta allá en el otoño, para visitarlos. Luego, me refirió diversos detalles acerca de la obra misionera que llevaban a cabo. Presté una gran atención a sus palabras. Por fin, exclamé*):

YO: Señor Scott, cuando vaya a Nicaragua ¿no se sentiría sumamente satisfecho si pudiera decirle a su hijo y demás familia que acababa de firmar un convenio en el que se prevee que, de ocurrirle a usted algo, recibirían un cheque todos los meses para que su trabajo religioso pudiera proseguir sin interrupción? ¿Y no le agradaría, señor Scott, escribir una carta a los otros dos misioneros, comunicándoles lo mismo?

Él argumentaba diciendo que era mucho dinero el que tenía que desembolsar, pero yo le redarguí e hice más preguntas respecto a la obra maravillosa que en el extranjero estaban realizando sus tres misioneros.

Finalmente, compró el seguro. Ese mismo día hizo un depósito por 8,672 dólares para que el plan entrase enseguida en vigor.

Salí del despacho... bueno, la realidad es que no creo haber salido andando, sino flotando en una nube. Me guardé el cheque en el bolsillo de la chaqueta, pero sin soltarlo de la mano. Tenía miedo de que se me escapase. Experimenté la horrible idea de lo que podría ocurrir si llegara a perderlo antes de haber regresado a mi oficina. ¡Llevaba encima un cheque por 8,672 dólares! ¡Ocho mil seiscientos setenta y dos dólares! Solo dos años antes, había yo suspirado por encontrar un empleo en algún almacén. La verdad es que esa venta me produjo una de las mayores conmociones de mi vida. Cuando llegué a la Dirección de mi compañía, quedé atónito al enterarme de que esta era la póliza individual más elevada que se había hecho nunca.

Esa noche me fue imposible probar bocado. Permanecí despierto casi hasta el amanecer. Fue el 3 de agosto de 1920. Jamás se me olvidará la fecha. Fui probablemente el hombre más excitado de Filadelfia.

Como quiera que la venta había sido hecha por un novato, un tipo de pocas luces, que ni siquiera había terminado sus estudios escolares, se produjo cierta sensación entre agentes y empleados de la compañía. Pocas semanas después, se me invitó a referir la historia en una convención nacional de vendedores celebrada en Boston.

Cuando acabé mi charla en la convención, un vendedor nacionalmente famoso, Clayton M. Hunsicker, hombre que casi me doblaba la edad, vino a mí y me estrechó la mano, felicitándome por la venta hecha. Acto seguido, me dijo algo que bien pronto tuve por el mayor secreto del éxito en el trato con el público.

—Todavía dudo que haya usted comprendido exactamente *el por qué* pudo realizar esa venta, —dijo.

Le pregunté qué había querido decir.

Entonces dijo la verdad más grande que yo haya escuchado sobre las ventas. "El secreto más importante para vender", exclamó, "consiste en descubrir lo que el otro desea, y entonces ayudarle a encontrar el mejor medio de conseguirlo. En el primer minuto de su entrevista con ese señor Scott, hizo usted un disparo a ciegas, y accidentalmente dio en el blanco. Siguió hablando más sobre el tema que a él interesaba y, con sus preguntas, no permitió que se le fuera de la cabeza el objeto de su interés. Si recuerda usted siempre esta regla única, el vender le será muy sencillo."

El resto de mis tres días de permanencia en Boston, no pude pensar en otra cosa que no fueran las verdades dichas por el señor Hunsicker. Indudablemente tenía razón. En realidad no había yo podido darme cuenta del por qué pude llevar a cabo aquella venta. Si Clayt Hunsicker no la hubiese analizado e interpretado por mí, habría seguido mi camino a ciegas durante años enteros. Cuando medité sus palabras empecé a comprender la razón de haber encontrado una oposición tan feroz en la mayoría de mis entrevistas. Me di cuenta de que yo solamente iba a lo mío, a tratar de vender, sin saber ni procurar averiguar nada de cuanto pudiera interesar al posible cliente.

Me excité tanto con esta nueva idea que había empleado inconscientemente, que apenas podía esperar el regreso a Filadelfia para volver a servirme de ella.

Todo esto me hizo pensar más acerca de John Scott y su situación. De repente se me ocurrió que él tenía otra cosa de la cual cuidar: el futuro de su negocio. Cuando hablé con él me explicó en detalle cómo había llegado a Norteamérica procedente de Irlanda, siendo un jovenzuelo de diecisiete años, para emplearse en una pequeña tienda de comestibles, hasta que, finalmente, comenzó a trabajar por su cuenta en un negocio ínfimo que gradualmente fue creciendo hasta convertirse en el mejor de su ramo en todo el Este de los Estados Unidos. Como era natural sentía un gran cariño por su negocio. Era la obra de su vida. Seguramente deseaba que continuase cuando él hubiese fallecido.

Treinta días después de regresar de la convención de Boston, ya había conseguido que John Scott pusiera en marcha un plan mediante el cual tanto sus hijos como sus ocho empleados, entraban con él en el negocio. Todo ello terminó con una cena que dio a esas personas en el "Manufacturer's Club" de Filadelfia. Yo fui el único invitado extraño al que se invitó. El señor Scott se levantó, al terminarse la cena, y en una plática breve y emotiva, expuso cuán dichoso se sentía en esta ocasión. "He logrado completar los planes para asegurar el futuro de las dos cosas que más profundamente llevo en mi corazón, mi negocio y las misiones en el extranjero, fundadas por mí." Dijo, emocionado.

El seguro que coloqué, sobre las vidas de aquellos hombresclave para el negocio, incluyendo las pólizas adicionales sobre el seguro del señor Scott, vino a producirme más ganancia en un solo día, de cuanto había ganado anteriormente en todo un año de trabajo.

La noche de ese banquete, comprobé la enorme fuerza que poseía la valiosísima lección que me diera Clayt Hunsicker. Antes de eso, sólo había pensado en vender porque de ese modo podía ganarme la vida. Me fastidiaba ir a ver gente, porque temía estar produciéndoles un perjuicio más que otra cosa. ¡Pero ahora, me sentía inspirado! En ese preciso instante resolví dedicar el resto de mi carrera como vendedor a este principio magnífico:

Descubrir lo que la gente desea, y ayudarla a conseguirlo.

No puedo ponerme a contarles la nueva clase de valor y entusiasmo que esto me dio. En ello había algo más que una técnica de ventas. Era una filosofía de la vida.

6. DANDO EN EL BLANCO

UNA COSA QUE ME sorprendió en la convención de Boston, fue el gran número de vendedores destacados de toda la nación, que asistió al acto. Algunos venían de lugares tan distantes como California, Texas o Florida.

Acerca de ello hablé con mi nuevo amigo el señor Hunsicker.

—Escuche, —me dijo, en tono confidencial—, estos personajes de las ventas están hambrientos de nuevas ideas y siempre andan a la caza de procedimientos que vayan a mejorar su trabajo. Asista usted a cuantas convenciones de vendedores le sea posible. Con que pueda conseguir una sola idea, el tiempo y el dinero gastados habrán sido su mejor inversión. Además, eso le dará la oportunidad de reunirse con los personajes del ramo. Conocerlos personalmente y oírles hablar será una inspiración para usted. Retornará al hogar con nueva confianza y entusiasmo.

Este consejo me fue de gran utilidad en el viaje apuntado. El mismo señor Hunsicker era uno de tales personajes vendedores, y la idea que me dio resultó utilísima para mí. No me importaba haber errado el blanco con tanta frecuencia. ¡Ni siquiera sabía dónde se hallaba! Entre beisboleros suele decirse: "¡No puedes darle a la pelota si no la ves!" Luego de haberme indicado Clayt Hunsicker donde se encontraba el "blanco", regresé a casa sabiendo ya dónde debía dirigir los tiros.

Un par de años más tarde, en una convención que se celebró en Cleveland, habló un individuo, cuyo nombre hace tiempo olvidé y tocó un tema interesantísimo al que tituló "Regla Número Uno para el Vendedor". Refirió una historia que recuerdo perfectamente. Aquí la tienen ustedes:

Una noche ardió por completo uno de los edificios principales de la Universidad de Wooster. Dos días después, Louis E. Holden, joven Presidente de la Universidad, fue a ver a Andrew Carnegie.

Lanzándose inmediatamente a fondo, Louis Holden dijo: "Señor Carnegie, usted es un hombre ocupado, y yo también. No le quitaré más de cinco minutos. El edificio principal de la Universidad de Wooster fue arrasado anoche por un incendio, y deseo que usted dé 100,000 dólares para levantar uno nuevo."

"Joven", respondió Carnegie, "yo no doy dinero para las escuelas."

"Pero sí lo emplea en ayudar a la juventud, ¿no es así?", insistió Holden. "Soy un hombre joven, señor Carnegie, y me hallo en una situación espantosa. Me he dedicado al negocio de convertir la materia prima en buenos estudiantes, y ahora la mejor parte de mi fábrica se ha venido abajo. Piense usted lo que sentiría si llegase a desaparecer una de sus grandes fundiciones de acero, ahora mismo, en el momento de más trabajo."

Carnegie: "Joven, consígase 100,000 dólares en treinta días, y le daré otros cien mil."

Holden: "Deme un plazo de sesenta y los conseguiré."

Carnegie: "Hecho".

Recogiendo su sombrero, el doctor Holden echó a andar hacia la puerta. El señor Carnegie le gritó: "Recuerde que sólo dispone de sesenta días."

"Está bien, señor, entiendo perfectamente," fue la respuesta de aquél.

La entrevista de Louis Holden había durado exactamente *cuatro minutos*. A los cincuenta días había logrado reunir los 100,000 dólares.

Cuando tendió la mano para recoger el cheque, Andrew Carnegie exclamó, riendo, "Joven, si viene otra vez a verme, no permanezca tanto tiempo. Su visita me ha costado 25,000 dólares por minuto."

Louis Holden había disparado exactamente al blanco. Sabía que uno de los puntos más vulnerables del señor Carnegie era su interés por los jóvenes ambiciosos.

El doctor Holden probablemente más que conseguir 100,000 dólares para la Universidad de Wooster, lo que había hecho era vender una idea. Andrew Carnegie finalmente le dio más de esa cantidad para el desarrollo de la educación.

Es preciso aplicar esta regla: Procurar *descubrir lo que la gente desea, y entonces ayudarla a encontrar el mejor medio de conseguirlo.* Este es el único gran secreto para venderlo todo.

Precisamente hace poco tuve ocasión de ver una soberbia demostración del modo correcto e incorrecto de aplicar esta regla. Encontrábame en una gran ciudad del Oeste cuando un hombre, al que llamaremos Brown, me telefoneó al hotel. "Señor Bettger", dijo, "me llamo Brown. Estoy preparando un curso de ventas en esta ciudad especialmente dedicado a vendedores jóvenes, y sólo deseo poder empezar el mes próximo. Esta noche voy a celebrar una gran reunión en ese mismo hotel donde usted está parando. Hemos gastado muchísimo dinero para anunciar la reunión, y creo que habrá no menos de varios cientos de personas. Le agradecería muchísimo que dijera algunas palabras. Hablarán también algunos oradores más, de forma que usted no necesitará más de diez minutos para su charla. La experiencia me ha enseñado que si no consigo formar un

grupo numeroso como consecuencia de esta reunión, todo se
habrá perdido, por eso estoy seguro de que no me negará su
ayuda... etc... etc."

Yo no conocía a este tal Brown. ¿Por qué tenía que apartarme de mi camino para ayudarle en *su* proyecto? Había llegado a ese lugar para hacer muchas cosas que me eran necesarias. Además, me disponía a salir de allí al día siguiente.
Por eso le deseé muchos éxitos, pero le rogué me excusara
debido al mucho quehacer que en ese momento exigía mi
atención.

Sin embargo, ese mismo día, algo más tarde, me telefoneó
otro hombre al que llamaremos White. Me habló exactamente
del mismo asunto que el otro; pero veamos su explicación:

"Señor Bettger, me llamo White... Joe White. Creo que
el señor Brown ya le ha hablado acerca de nuestra reunión de
esta noche en el hotel. Sé que usted se halla sumamente ocupado y que se dispone a marcharse, pero si hubiera alguna
manera posible para que asistiese, aunque solo fueran unos
cuantos minutos, nos haría usted un grandísimo favor, señor
Bettger. Sé que a usted le interesa ayudar a la gente joven,
y nuestro público estará compuesto principalmente por vendedores jóvenes, ambiciosos de mejorar y salir adelante en su
negocio. Usted sabe muy bien lo que una cosa así habría significado para usted mismo cuando empezó a trabajar en ventas.
No conozco a nadie, señor Bettger, que pueda ayudarnos más
que usted en una reunión de esta clase."

El primero de mis comunicantes había incurrido en el mismo error que había estado cometiendo yo mismo (y así hubiera
continuado por todo el resto de mi vida si no hubiese sido por
Clayt Hunsicker), sólo habló de sí, de lo que se proponía, de
lo que *él* quería conseguir. El segundo hombre no habló en ningún momento de lo que él deseaba. Dio exactamente en el
blanco. Habló de *mí* e hizo referencia a *mi* punto de vista. Me
fue imposible negarme a esta segunda petición.

Dale Carnegie dice: "Solamente existe un medio en este

mundo para conseguir que la gente lo haga todo. ¿Se han detenido a pensar en ello? Sí, un medio tan solo. Y consiste en lograr que la otra persona *quiera* hacerlo. Recuérdenlo, no hay otro medio."

Exactamente antes de la Segunda Guerra Mundial, estaba yo dando una serie de conferencias en diversas ciudades del Oeste. Invariablemente después de terminar, algunos de los asistentes me formulaban distintas preguntas. Una noche, en Des Moines, Iowa, un hombre de mediana edad vino a decirme: "Señor Bettger, comprendo que estas ideas le hayan sido muy provechosas para vender seguros de vida, pero yo me dedico a buscar suscripciones para una revista famosa en toda la nación. ¿Cómo puedo aplicar sus ideas en *mi* trabajo?"

Tuvimos una discusión aclaratoria. Este hombre llevaba varios años dedicado a vender cosas muy diferentes y se había vuelto bastante cínico. Después de sugerirle un procedimiento distinto para trabajar a sus clientes, se fue; pero me pareció que no había salido muy entusiasmado de nuestra entrevista.

A la mañana del sábado siguiente, estaba yo cortándome el pelo en la barbería del "Hotel Fort Des Moines" cuando el hombre entró como una tromba para decirme que se había enterado de que yo me disponía a partir en un tren a primeras horas de la tarde, pero que tenía que decirme algo.

"Después de su conferencia del martes por la noche, señor Bettger, me di cuenta del por qué yo no iba a ninguna parte", dijo con sorprendente excitación. "He estado tratando de vender revistas a los hombres de negocios, pero en su mayoría me decían que estaban tan ocupados que ni siquiera disponían de tiempo para leer aquellas a las cuales estaban suscritos. El miércoles logré que uno de los jueces más prominentes de la ciudad me diese una carta diciendo que él lee nuestra revista porque *leyéndola en un rato* se entera de todas las noticias de importancia e interés de la semana. A continuación me procuré una larga relación de hombres de negocios de la ciudad, que ya eran suscriptores. Ahora, señor Bettger, cuando me acerco a un prospecto, le enseño la carta del juez y esa lista. La misma objeción que antes me impedía vender, es ahora mi base más firme. Lo que estoy tratando de decirle es que ahora les llevo a esos negociantes precisamente lo que ellos desean. Les vendo lo que es más precioso para ellos en el mundo... *más tiempo*."

Solo unos cuantos días antes, este vendedor advertía que la mayor parte de las personas que visitaba procuraban quitárselo de encima. Temía ir a ver gente. Ahora tenía una opinión nueva sobre la importancia del trabajo que estaba haciendo.

Era el *mismo* hombre, vendía el *mismo* producto, en la *misma* ciudad, y triunfaba, cuando anteriormente había fracasado.

Conforme ya he dicho anteriormente, hace algunos años me nombraron superintendente de una pequeña escuela dominical. Se me ocurrió que la necesidad inmediata más importante de esa escuela consistía en tener una organización más amplia, de manera que rogué al pastor me cediese cinco minutos durante los servicios religiosos que tuvieran lugar el domingo siguiente por la mañana. Sabía yo que debía actuar como si fuese a hacer una venta. Claro que podía haberme puesto de pie para decirle a la congregación que este puesto para el cual me habían designado, necesitaba de su cooperación y ayuda, pero decidí que tendría oportunidades mucho mejores para conseguir lo que pretendía, si les hablaba de lo que deseaban *ellos*. Vean pues, lo que les dije:

"Quiero hablaros solamente unos cuantos minutos precisamente sobre algunas de las cosas que deseáis. Muchos de vosotros tenéis hijos. Queréis que vengan aquí a la escuela dominical y se reúnan con otros niños para que aprendan más acerca de la vida, según las verdades del gran Libro. Vosotros y yo queremos que nuestros hijos no cometan los errores que nosotros hemos cometido. ¿Cómo podemos conseguirlo?

"El único modo consiste en formar una organización más amplia. Ahora sólo hay nueve maestros en la escuela dominical, incluyendo al propio pastor. Necesitamos veinticinco por lo menos. Algunos de vosotros dudáis en enseñar porque tenéis los mismos temores que tuve yo hace meses cuando me hice cargo de una reducida clase de muchachos... que no conocéis lo bastante de la Biblia. Pues bien, puedo aseguraros que sabréis más de este Libro en seis meses enseñando a los niños durante veinte minutos todos los domingos por la mañana, que pudierais aprender en seis años, limitándose a escuchar... y aquello os servirá más.

"Vosotros, maridos y esposas podéis estudiar y preparar juntos la lección. Así tendréis algo más en común, al dar juntos vuestra clase. Si tenéis hijos, también ellos se tomarán un interés mayor al veros activos. Recordad la parábola de Jesús sobre los tres hombres a los que se les dieron los talentos. Vosotros, hombres y mujeres poseéis también muchos talentos. No conozco ningún procedimiento mejor para acrecentarlos que mediante este trabajo."

¿Qué sucedió? Esa misma mañana, tuvimos a nuestra disposición veintiún maestros. Al principio no teníamos niños suficientes, pero los dividimos en grupos. Algunas clases dieron principio con dos o tres nada más. Luego, iniciamos unas visitas domiciliarias. Nos atrajimos a todos menos tres de los niños protestantes existentes en la Comunidad de Wynnefield, Pennsylvania. Finalmente, la pequeña capilla no tenía la capacidad suficiente para dar entrada a todos sus miembros, ¡así que tuvimos que edificar una iglesia nueva! Y en una campaña que duró tres meses, los fieles de la "Iglesia Presbiteriana Unida" de Wynnefield reunieron 180,000 dólares, aportados por unos 372 hombres, mujeres y niños.

No puede desde luego decirse que aquellos resultados sorprendentes se debieran por entero a los nuevos maestros, pero el hecho es que no los habríamos conseguido de no haber sido por el desarrollo que adquirieron nuestras Escuelas Bíblicas.

Cuando a un hombre se le muestra lo que él desea, removerá cielo y tierra para conseguirlo.

Esta ley universal es de una importancia tan extraordinaria

que precede a todas las demás leyes que rigen las relaciones humanas. Siempre ha sido y seguirá siendo la más importante. Sí, sobresale como Regla Número Uno por encima de todas las otras reglas existentes en la civilización.

Benjamín Franklin comprendió la importancia de esta ley. Incluso compuso una plegaria que le ayudó a introducirla muy adentro de su corazón. Cuando comencé a leer la autobiografía de Franklin, me interesó descubrir que se había pasado cincuenta años diciendo esa oración todos los días. Vivo en Filadelfia, la ciudad donde Benjamín Franklin se pasó la mayor parte de su vida, y ese hombre ha sido siempre una inspiración para mí.

Me dije para mis adentros: "Si esta plegaria ayudó a Ben Franklin, indudablemente tiene que ayudarme también a mí", de manera que la he estado repitiendo durante bastante más de veinticinco años. Me ayudó a despojarme de mi cerebro y del interés resultante de la venta, para adaptar mis ideas a las de la otra persona para ver de este modo el beneficio que a ella podía producirle la venta en cuestión. A este respecto, Franklin decía: "...e imaginando a Dios como fuente de toda la sabiduría, estimo correcto y preciso solicitar Su ayuda para obtenerla; con esta finalidad, he compuesto la siguiente plegaria que fue colocada en todas mis tablas de análisis para poder así usarla diariamente."

He aquí la plegaria... la plegaria de Benjamín Franklin:

¡Oh, Bondad poderosa! ¡Padre generoso! ¡Guía misericordioso! Aumenta en mí ese conocimiento que descubre mi interés verdadero. Fortalece mis resoluciones para llevar a cabo lo que ese conocimiento dicte. Acepta mis buenos oficios hacia Tus otros hijos, a modo de única reciprocidad a mi alcance, por los continuos favores que de Ti recibo.

RESUMEN

1. El secreto más importante del vendedor, consiste en averiguar lo que la otra persona desea, y entonces ayudarla a encontrar el mejor medio de conseguirlo.

2. Solamente existe un medio en este mundo para conseguir que la gente lo haga todo. ¿Se han detenido a pensar en ello? Sí, un medio tan solo. Y consiste en lograr que la otra persona quiera hacerlo. Recuérdenlo, no hay otro medio.

3. Cuando a un hombre se le muestra lo que él *desea*, removerá cielo y tierra para conseguirlo.

7. UNA VENTA DE 250,000 DÓLARES EN QUINCE MINUTOS

DESPUÉS QUE Clayt Hunsicker me llevó aparte en Boston para enseñarme el gran secreto de las ventas, mi entusiasmo alcanzó un alto nivel en todo tiempo. ¡Supuse que ahora todo lo que yo tenía que hacer era lanzarme a la calle, ver gente suficiente y... que el vender sería sencillísimo!

En los pocos meses siguientes mi registro de ventas mostró una mejora rotunda, pero todavía seguía encontrándome demasiada oposición. Y no se me alcanzaba la razón.

Luego, un día, mientras asistía a un congreso de vendedores que tenía lugar en el "Bellevue-Stratford Hotel" de Filadelfia, oí a uno de los máximos vendedores de Norteamérica revelar un método sorprendente que me dio la clave en muy pocas palabras. Se trataba de J. Elliott Hall, de Nueva York. Aun cuando ya lleva retirado varios años, el *récord* de Elliott Hall sigue figurando entre aquellos de 1   mejores productores de todos los tiempos.

El señor Hall explicó su fracaso como vendedor y cómo estuvo a punto de abandonar el negocio de los seguros cuando descubrió *la razón* de su fracaso. Manifestó que todo se había debido a que hacía "afirmaciones positivas" en exceso.

Esto me pareció una tontería.

Pero a continuación electrizó al enorme auditorio declarando estar dispuesto a cuantas objeciones se le hicieran. Dos mil vendedores empezaron a bombardearle, desde todas partes, con las objeciones que prospectos y clientes habían empleado para "quitárselos de encima" continuamente.

La excitación fue terrible cuando Elliot Hall hizo una superdemostración de cómo él afrontaba tales objeciones —no con esas respuestas amaneradas que pueden hallarse en todos los libros escritos acerca de "Cómo Hacer Frente a las Objeciones". Él rechazaba esas objeciones *formulando preguntas.*

No intentó decir a sus objetores que estaban equivocados, y que él era mucho más hábil que ellos. Se limitó a formular preguntas con las que sus oponentes hubieron de mostrarse acordes. Y siguió haciendo preguntas hasta que las respuestas llegaron a *una sola* conclusión... una conclusión profunda y basada en los hechos.

La gran lección que aprendí de ese maestro de vendedores hizo que cambiase todo mi modo de pensar. Él nunca daba la impresión de que estuviera tratando de persuadir o de influenciar a nadie para atraérselo a *su* forma de pensar. Las preguntas de Elliott Hall sólo llevaban un propósito:

> *Ayudar a los demás a identificar lo que deseaban, para ayudarles enseguida a encontrar la forma de conseguirlo.*

Una de las preguntas más duras que el señor Hall tuvo que responder, fue esta: *"¿Puedo irme a casa para pensar bien todo esto?"*

"Voy a procurar ayudarle a usted a pensarlo," fue la contestación del señor Hall. Y empezó de nuevo con sus preguntas, al objeto de ayudar a su oponente a encontrar exactamente lo que deseaba.

Pues bien, a pesar de toda su insistencia nadie sacó la impresión de que Elliott Hall estuviera argumentando o contradiciendo a nadie. Se advertía que tenía razón, pero no llegó a contradecir, ni con su actitud denotaba "Sé que estoy en lo cierto; usted se halla equivocado."

Su procedimiento de ayudar a la gente a cristalizar sus

pensamientos —con preguntas— sigue no teniendo paralelo en mis experiencias. Jamás me olvidaré de él, ni de cuanto dijo.

Mientras escuchaba, boquiabierto, a Elliot Hall ese día, resolví que, a partir de entonces, mi mayor ambición consistiría en procurar cultivar este gran arte que él había dominado a un grado tal... el arte de hacer preguntas.

Pocos días después de la conferencia del señor Hall, un amigo mío me telefoneó para decirme que un gran fabricante de Nueva York deseaba hacerse un seguro de vida por 250,000 dólares. Quería saber si me interesaba someterle una propuesta. La compañía de este fabricante había solicitado un crédito por 250,000 dólares y los prestatarios insistían en que el presidente se hiciera un seguro de vida por esa misma cantidad. Aproximadamente diez de las mejores aseguradoras de Nueva York le habían hecho ya complicadas propuestas.

—Claro que me interesa hacérsela, —dije—, sólo necesito que me consigas una cita con él.

Ese mismo día, algo más tarde, volvió mi amigo a llamarme por teléfono para decirme que había conseguido una cita para la mañana siguiente a las once menos cuarto. Voy a referirles lo que sucedió:

Primeramente me senté ante mi escritorio para pensar lo que debía hacer. Las palabras de Elliot Hall se hallaban todavía frescas en mi mente. Decidí preparar una serie de preguntas. Durante media hora mi cerebro no hizo otra cosa que describir círculos. Luego, empezaron a surgir algunas preguntas... preguntas que ayudarían a aquel hombre a cristalizar sus pensamientos para llevarle a tomar una decisión. Este trabajo me llevó casi dos horas. Finalmente escribí catorce preguntas al azar. Luego, fui poniéndolas en un orden más lógico.

A la mañana siguiente, ya en el tren y camino de Nueva York, estudié las preguntas una y otra vez. Cuando llegué a la estación de Pennsylvania me sentía tan excitado que casi me creí incapaz de aguardar hasta la hora de la entrevista. Para fortalecer mi confianza, decidí correr un gran riesgo. Telefoneé a uno de los mejores examinadores médicos de Nueva York, y concerté una cita para mi cliente en perspectiva, en su propio consultorio a las once y media.

Al llegar aquí, fui cordialmente recibido por su secretaria. Abrió la puerta que daba al despacho del presidente, y la oí decir:

˙ —Señor Booth, hay aquí un tal señor Bettger de Filadelfia que desea verle. Dice que está citado con usted a las once menos cuarto.

BOOTH: ¡Ah, sí! Que pase.

YO: ¡Señor Booth!

BOOTH: ¿Cómo está, señor Bettger? Tenga la bondad de sentarse. *(El señor Booth esperó a que yo tomara la palabra, pero preferí que fuese él quien lo hiciera.)* Señor Bettger, mucho me temo que esté perdiendo el tiempo.

YO: ¿Por qué?

BOOTH: *(Señalando un montón de propuestas y anuncios que tenía sobre la mesa).* Todas las compañías principales de Nueva York me han traído sus planes respectivos, tres de esos planes me han sido sometidos por amigos míos... uno de ellos francamente íntimo; juego con él al *golf* todos los sábados y domingos. Trabaja con la "New York Life"; es una compañía bastante buena, ¿no le parece?

YO: No tiene rival en el mundo.

BOOTH: Bueno, señor Bettger, en estas circunstancias, si aun cree que puede hacerme alguna propuesta interesante, sepa que tengo cuarenta y seis años, que necesito un seguro ordinario de vida por 250,000 dólares, y solamente quedará que haga números y me envíe por correo la correspondiente propuesta. Pondré la suya junto con las otras recibidas y en cualquier momento de las próximas dos semanas, espero estudiarlas y tomar una decisión. Si su plan es el más barato y el mejor, el seguro será para usted. Pero creo que está perdiendo su tiempo y haciéndomelo perder a mí.

Yo: Señor Booth, si fuera mi propio hermano, le diría exactamente lo mismo que voy a decirle ahora.

Booth: ¿De qué se trata?

Yo: Sabiendo lo que sé acerca del negocio de seguros, si usted fuera mi hermano, le aconsejaría tirar inmediatamente todas esas propuestas al cesto de los papeles.

Booth: (*Francamente asombrado*). ¿Por qué dice eso?

Yo: Bueno, en primer lugar, para interpretar adecuadamente esas propuestas se requeriría un actuario; y serlo exige siete años de estudios. Pero aun cuando usted se hallase en condiciones de seleccionar la proposición de costo más bajo hoy, dentro de cinco años esa misma compañía estaría entre las de costo más elevado de este mismo grupo. Esto es histórico sencillamente. Con toda franqueza, esas compañías escogidas por usted son las mejores del mundo. Puede tomar todas esas propuestas, extenderlas encima de su escritorio, cerrar los ojos, y cualquiera que señale con el dedo, aunque fuese la de póliza más económica, no sería mejor que aquella que usted pudiera seleccionar después de varias semanas de observaciones y estudios. Vea, señor Booth, mi trabajo consiste en ayudarle a tomar una decisión final. Con objeto de hacerlo, necesito hacerle algunas preguntas. ¿Me lo permite?

Booth: Claro. Adelante con ellas.

Yo: Según tengo entendido, su compañía piensa solicitar un crédito por 250.000 dólares. Parte del convenio exige que su vida esté asegurada en esa misma cifra de 250.000 dólares, y que las pólizas estén traspasadas a sus acreedores. ¿No es cierto?

Booth: Sí. Absolutamente.

Yo: En otras palabras, tienen confianza en *usted*, mientras esté vivo, pero en caso de que fallezca, no tienen esa misma confianza en su compañía. ¿No lo estima así, señor Booth?

Booth: Sí, parece que así es.

Yo: ¿Entonces por qué no estimar de importancia primordial —en realidad la *única* cosa de importancia— que obtenga usted inmediatamente ese seguro y transfiera todo el riesgo a las compañías aseguradoras? Supongamos que usted se despertara esta noche, a mitad de la noche, y de repente se le ocurriese que el seguro de incendios sobre su fábrica de Connecticut había expirado ayer. ¡Probablemente ya no podría volver a conciliar el sueño en todo lo que restara de la noche! Y la primera cosa que haría mañana por la mañana sería telefonear a su 'agente para que cubriera ese riesgo, ¿no es eso?

BOOTH: Por supuesto que lo haría.

Yo: Pues bien, sus prestatarios consideran este seguro sobre su vida de igual importancia que usted consideraría el de incendios sobre su fábrica. ¿No es posible que si se produjera algo que le incapacitase para conseguir este seguro sobre su vida, sus prestatarios pudieran reducir o tal vez rehusar enteramente el crédito en cuestión?

BOOTH: Pues no lo sé, pero creo que sería muy posible.

Yo: ¿Y si usted se hallase incapacitado para obtener este crédito, no sería probable que ello le significara muchos miles de dólares de perjuicio? ¿No representaría tal vez que su negocio perdiese dinero este año en lugar de ganarlo?

BOOTH: Sí, creo que es verdad.

Yo: Señor Booth, esta mañana estoy en condiciones de hacer por usted lo que no le sería posible a ninguna otra persona en el mundo.

BOOTH: ¿Qué quiere decir con eso?

Yo: Tengo una cita para usted esta mañana a las once y media con el Doctor Carlyle, uno de los principales médicos examinadores de Nueva York. Sus exámenes son aceptados por casi todas las compañías aseguradoras. Es el único médico que conozco, cuyo solo examen es válido para el seguro de 250,000 dólares sobre la vida de una persona. Posee electrocardiógrafo y fluoroscopios, así como todo el restante equipo necesario para un examen como el que se exige en un seguro como el suyo. Habremos de ir a su consultorio en el número 150 del Broadway.

BOOTH: ¿Es que los demás agentes de seguros no pueden hacer lo mismo por mí?

YO: Esta mañana no les es posible. Señor Booth, reconociendo la extrema importancia de que este examen se haga inmediatamente, supongamos que usted telefonease a cualquiera de estos agentes esta misma tarde y le dijera que procediese inmediatamente. Lo primero que habría de hacer es telefonear a uno de sus amigos, examinador médico, y procurar que acudiera aquí a su despacho esta tarde para hacerle el primer examen. Si los documentos médicos fueran puestos en el correo esta noche, uno de los directores médicos de la compañía aseguradora los leería en su oficina mañana por la mañana. Al observar que usted solicita una póliza de un cuarto de millón de dólares y que el riesgo es grande, pudiera autorizar un segundo examen a cargo de otro médico con el equipo necesario. Todo ello representa algunos aplazamientos. ¿Por qué va a correr ese riesgo una semana más, un solo día más?

BOOTH: Bueno, me parece que todavía voy a vivir algún tiempo.

YO: Supongamos que se levanta usted mañana con un poco de molestia en la garganta y que tiene que permanecer en cama una semana por culpa de la gripe... Entonces, cuando se sintiera bien para pasar el examen médico, la compañía de seguros le diría: "Bueno, señor Booth, creemos que ya está bien de nuevo, pero existen ciertas cosas como resultado de su reciente enfermedad, y nos vemos obligados a posponer ese examen tres o cuatro meses para esperar a que se halle absolutamente restablecido." No le quedaría a usted otro remedio que decirles a sus prestatarios que todo quedaba aplazado. ¿No es probable que también ellos quisieran aplazar la concesión del crédito solicitado por ustedes? ¿No es esa una *posibilidad*, señor Booth?

Booth: Sí, claro que es una posibilidad.

Yo: (*Mirando el reloj*). Señor Booth, son las once y diez. Si nos vamos inmediatamente, podremos asistir a la cita con el doctor Carlyle fijada para las once y media en su consultorio. Su aspecto en este momento es probablemente el mejor que haya tenido en su vida. Si interiormente se halla tan bien como indica su exterior, su seguro puede entrar en vigor dentro de cuarenta y ocho horas. ¿Se siente bien esta mañana, no es así, señor Booth?

Booth: Sí, me encuentro perfectamente.

Yo: ¿Entonces por qué no vamos ahora mismo a que le hagan ese examen que es para usted la cosa más importante de este mundo?

Booth: Señor Bettger ¿a quién representa usted?

Yo: ¡A usted mismo!

Booth: (*Inclinando la cabeza con aire pensativo. Encendió un cigarrillo. Al cabo de unos instantes se puso lentamente de pie, miró al espacio, caminó hasta la ventana, después, al perchero. Recogió el sombrero y se volvió a mí.*) Vamos.

Fuimos al consultorio del médico. Cuando estuvo satisfactoriamente terminado el examen, pareció convertirse de pronto en un amigo mío. Insistió en invitarme a comer. Al empezar, se me quedó contemplando y soltó la carcajada.

—A propósito, —preguntó—. ¿Cuál es la compañía que usted representa?

8. ANÁLISIS DE LOS PRINCIPIOS BÁSICOS UTILIZADOS PARA REALIZAR ESTA VENTA

ANALICEMOS AHORA esta venta. Ya, ya sé lo que están pensando ustedes. Se dicen para sus adentros: "¿Cómo puedo utilizar esta técnica? Eso irá bien para usted. Así podrá vender seguros, pero ¿de qué me sirve a mí?" Pues sí, esta misma técnica puede emplearse para vender "zapatos y barcos y cera", y he aquí la manera de hacerlo:

1. HÁGASE LA CITA.

¡Háganse esperar! Se obtiene una gran ventaja cuando se está citado. Esto dice a la otra persona que sabe apreciarse el valor de *su* tiempo. Inconscientemente, da más importancia al valor de *uno*. Jamás habría yo tenido esa oportunidad si me hubiera presentado en Nueva York *sin estar previamente citado*.

2. ESTÉSE PREPARADO.

¿Qué harían ustedes si fueran invitados a pronunciar un discurso ante una reunión conjunta de las Cámaras de Comercio y todas las demás sociedades existentes en la comunidad donde habitan, y fuesen a pagarles 100 dólares? ¿Se pasarían muchas horas preparándose, no es verdad? Se pasarían noches enteras cavilando cómo dar comienzo al discurso; puntos que debían tocarse; forma de terminar. Lo considerarían un acontecimiento, ¿no es eso? Porque iban a tener un auditorio de trescientas, cuatrocientas o más personas. Bien, pues no olviden que no existe diferencia entre un auditorio de cuatrocientas personas y otro de una sola. Y éste puede significarles más de 100 dólares. En un período de varios años podrá llegar a sumar varios centenares de dólares. Así que ¿por qué no considerar cada entrevista como un acontecimiento?

Después de haberme telefoneado aquel amigo diciendo que me había conseguido una cita para la mañana siguiente, me senté por más de media hora frente a mi escritorio, y estuve pensando lo que le diría a aquel hombre. Nada de cuanto se me ocurría llegaba a satisfacerme. "Bueno", pensé, "ahora estoy cansado. Lo haré mañana por la mañana mientras voy en el tren"

Luego, una vocecita musitó junto a mi oído: "Mañana por la mañana no harás nada. ¡*Tienes que hacerlo ahora!* Ya sabes que no tienes confianza en tí mismo cuando vas sin preparación. Este hombre tiene una cita contigo, Bettger. ¡*Ve preparado!* ¡Y preséntate con la actitud del que va a ganar!"

Al cabo de un rato se me ocurrió esta pregunta: "¿Cuál será la frase-clave?" Esto no era difícil de contestar. El crédito. Este fabricante de seda necesitaba tener un crédito. Sus prestatarios insistían en que tuviera un seguro sobre su vida. Todos los días, cada hora que demora en la obtención de este seguro, corre un gran riesgo. El costo del seguro no es realmente lo que le importa.

Esta idea pequeña y simple me ha demostrado ser una ayuda constante al prepararme para una entrevista o un discurso. Para comenzar bien debo hacerme esta pregunta a mí mismo:

3. ¿CUÁL ES LA FRASE CLAVE?

O, ¿cuál es el punto de mayor interés?

O, ¿cuál es el punto más vulnerable?

Por esto me llevé yo el asunto a pesar de competir con diez grandes compañías.

Fíjense en lo que el señor Booth me dijo ese día cuando estábamos comiendo juntos:

"Supongo que algunos de mis amigos vendedores de seguros van a tener un gran disgusto. Pero llevan semanas enteras dando vueltas a mi alrededor, atropellándose unos a otros, y tratando de hacerme ver que su plan es más barato que el de los competidores. Usted no necesitó atropellar a nadie, pero me hizo ver el peligro que estaba corriendo con mi espera", enseguida hizo un guiño, "En verdad, me aterré al pensar en la posibilidad de perder ese crédito. Decidí que sería un verdadero estúpido si me iba a comer *antes* de haber pasado ese examen médico."

La venta me enseñó algo muy importante: No intentar nunca abarcar demasiados puntos; no oscurecer la cuestión-clave; averiguar cuál es, enseguida ceñirse a ella.

4. NOTAS SOBRE PUNTOS CLAVE.

Es una persona extraordinaria la que puede ir a una entrevista, una conferencia, o hacer siquiera una llamada telefónica importante, y

    a) Recordar todos los puntos que desea tocar.

    b) Referirse a ellos en el orden lógico.

    c) Ser breve y no apartarse del asunto-clave.

Por mi parte, si no tomo notas previamente caigo de mala manera. Al prepararme para la entrevista con Booth, anoté las frases-clave. Una vez en el tren, las fui revisando una y otra vez, hasta saber exactamente lo que iba a decir, y cómo lo iba a decir. Esto me dio una gran confianza. Ni una sola vez tuve que recurrir a mis anotaciones durante la entrevista. No obstante, si me falla la memoria mientras entrevisto a alguien, no vacilo un instante en sacar mi tarjeta de notas.

5. HÁGANSE PREGUNTAS.

De las catorce preguntas que preparé el día anterior, sólo

utilicé once. En realidad, toda esta entrevista de quince minutos consistió principalmente en preguntas y respuestas. La importancia de *hacer preguntas* es algo de un interés tan vital, y ha constituido un factor tan extraordinario en todos mis éxitos como vendedor, que el próximo capítulo se lo dedicaré íntegro a este tema.

6 ¡PROVÓQUESE UNA EXPLOSIÓN DE DINAMITA!

Hágase algo asombroso, sorprendente. Con frecuencia es preciso hacer que la gente se levante, y zarandearla en su propio beneficio. Sin embargo, será mejor que no lo hagan, a menos de hallarse preparados para enfrentarse a la explosión con hechos, no con opiniones.

Le dije al señor Booth: "Sabiendo lo que sé acerca del negocio de seguros, si usted fuese mi hermano, le aconsejaría tirar inmediatamente todas esas propuestas al cesto de los papeles."

7. PROVÓQUESE EL TEMOR.

Básicamente, sólo existen dos factores que obliguen al hombre a entrar en acción: el deseo de ganar, y el miedo de perder. Los publicistas nos afirman que el temor es el factor más incitante cuando hay riesgo o peligro de por medio. Toda la plática con el señor Booth estuvo basada en el miedo y el riesgo innecesario que estaba corriendo y que podía hacerle perder el crédito de los 250,000 dólares.

8. HAY QUE CREAR CONFIANZA.

Si uno es absolutamente sincero, hay muchas maneras de crear confianza en la gente. En mi opinión fueron cuatro las cosas que me sirvieron para ganarme la confianza de aquel extraño.

a) Ser un secretario-comprador.

Al preparar la entrevista, me imaginé a mí mismo como un

empleado asalariado de la compañía del señor Booth. Asumí el papel de "secretario encargado de comprar el seguro". En esta cuestión, mis conocimientos eran superiores a los del señor Booth. Bajo esta impresión, no dudé en poner todo el entusiasmo y excitación necesarios a mis palabras. Esta idea me ayudó a no tener el menor miedo. La actitud del secretario-comprador fue para mí una ayuda tan definitiva en esa venta que durante muchos años he estado asumiendo el mismo papel. Otra cosa que debe tenerse muy en cuenta es que a la gente no le gusta que le venda. Le agrada ser ella quien compre.

b)   "Si fuera mi propio hermano, le diría exactamente lo mismo que voy a decirle ahora. . ."

Esto sirve para ganarse la confianza ajena, si puede decirse con absoluta sinceridad. Estas fueron casi las primeras palabras que hablé con el señor Booth. Le miré fijamente a los ojos y me expresé con gran sentimiento. Luego, esperé a que me dijera algo. Formuló la misma pregunta que hace la mayoría de los prospectos: "¿De qué se trata?"

c)   Ensálcese a los competidores.

He observado que este es uno de los mejores medios para ganarse la confianza del prospecto. Procúrese decir algo bueno acerca de los competidores. Cuando el señor Booth dijo que tenía un amigo en la "New York Life", añadiendo que, era "una compañía buena". Me apresuré a exclamar: "¡No tiene rival en el mundo!" Acto seguido, vuelta a mis preguntas.

d)   "Esta mañana estoy en condiciones de hacer por usted lo que no le sería posible a ninguna otra persona en el mundo."

Una frase magnífica para vender. Cuando encaja, tiene un efecto sorprendente. Séame permitido un ejemplo:

Una noche en que Dale Carnegie y yo nos disponíamos a abordar el tren en la estación de Des Moines, Iowa, Russell Levine, miembro importante de la "Cámara Junior de Comercio", patrocinadora de nuestra escuela, fue a la estación para despedirnos. "Una de sus frases", exclamó Levine, "me sirvió ayer para vender un vagón de aceite". "Cuéntemelo" le dije.

Russell siguió diciendo que el día anterior había ido a ver a un cliente para exponerle: "Esta mañana estoy en condiciones de hacer por usted lo que no le sería posible a ninguna otra persona en el mundo."

—¿De qué se trata? —preguntó el comprador sorprendido.

—Puedo venderle un vagón entero de aceite, —respondió Russell.

—No. —fue la contestación del cliente.

—¿Por qué no? —quiso saber Russell.

—No tendría donde meterlo.

—Señor D. —apresuróse a redargüir el vendedor—, si fuera usted mi propio hermano, le diría exactamente lo mismo que voy a decirle ahora.

—¿Qué?

—Quédese ahora mismo con ese vagón de aceite. Va a haber escasez, y, más tarde, no podrá conseguir el que necesite. Además, está a punto de producirse un gran aumento en el precio.

—No, —repitió el hombre—, no tengo lugar donde meterlo.

—Alquile un almacén, —sugirió Russell.

—No, no puede ser.

Ese mismo día, algo más tarde, cuando el vendedor regresó a su despacho se encontró con un recado del cliente. Tan pronto como se puso al teléfono oyó exclamar a aquél con verdadera ansiedad: "Russell he alquilado el local de un antiguo garage y allí puedo almacenar todo ese aceite, de forma que tiene vendido el vagón que me proponía."

9. DEBERÁ EXPRESARSE UN APRECIO SINCERO POR LA HABILIDAD DEL OYENTE.

A todo el mundo le agrada sentirse importante. La gente desea ser ensalzada. Está "hambrienta" de un aprecio sincero. Pero tampoco hay que excederse. Es mucho más efectivo mostrarse conservador. Sé que a este hombre le halagó muchísimo que yo exclamara, señalándole con el dedo: "Tienen confianza en *usted*, mientras esté vivo, pero en el caso de que fallezca, no tienen esa misma confianza en su compañía. ¿No lo estima así, señor Booth?"

10. PRESÚMASE EL ÉXITO.

Adóptese una actitud de hombre triunfador. Yo corrí un gran riesgo al hacer una cita con el doctor Carlyle antes de haber visto a mi prospecto. Aposté todo mi dinero al "ganador" de la carrera.

11. EMPLÉESE EN LA ENTREVISTA LA PALABRA "USTED".

Años después de haber empezado a saber más respecto de los principios básicos, estuve analizando esta venta y me sorprendí al observar que había empleado *sesenta y nueve* veces la palabra "usted" o "de usted" en una entrevista que tuvo una duración de escasos quince minutos. No puedo recordar dónde oí hablar de esta prueba, pero es un medio formidable para conseguir resultados excelentes, y, además, téngase la seguridad de estar practicando la regla más importante de todas:

Véanse las cosas desde el punto de vista de la otra persona y háblese en los términos que afecten a sus deseos, necesidades, intereses.

¿Les gustaría probar algo muy interesante y provechoso en ustedes mismos? Escriban todo lo que dijeron en su última entrevista de venta. Luego, vean cuántas veces tienen que tachar el pronombre personal "YO", o "NOSOTROS", y cámbienlos por "USTED", o "DE USTED". Póngase la palabra *usted* en la entrevista.

9. CÓMO HACIENDO PREGUNTAS AUMENTÉ LA EFECTIVIDAD DE MIS ENTREVISTAS

UNA IDEA NUEVA suele producir cambios rápidos y revolucionarios en la manera de pensar de un hombre. Por ejemplo, poco tiempo antes de hacer aquella venta en Nueva York, me había fijado como meta la de llegar a ser "productor de un cuarto de millón al año". Sabía que podría conseguirlo, aunque me costara mucho trabajo.

Ahora, de repente, ¡había producido ese cuarto de millón en *un solo día!* ¡Fantástico! ¿Cómo podía ser esto? Solamente una semana antes, un cuarto de millón al año me parecía muchísimo. ¡En cambio, ahora me puse a pensar que mi meta debía ser de *un millón!*

Estos eran los pensamientos que se atropellaban en mi mente esa misma noche cuando regresaba en el tren a Filadelfia. Me sacudía una emoción extraordinaria. Estaba tan excitado que no podía parar en el asiento. Me dediqué a recorrer el vagón de arriba abajo. Todos los lugares iban ocupados, pero no recuerdo haber visto una sola alma. No hacía otra cosa que no fuera darle vueltas a mi venta del día. Repetía las frases dichas. Lo que dijera el señor Booth. Lo que había dicho yo. Finalmente me senté y escribí toda la entrevista.

"Cuán espantosamente inútil y ridículo habría sido este viaje, "dije para mis adentros", si no hubiese llegado a oír las explicaciones de Elliott Hall acerca de la importancia que tiene el hacer preguntas". La verdad era que, sólo unos cuantos días antes ni siquiera se me habría ocurrido ir hasta Nueva York en un caso semejante.

Pude darme cuenta de esto: Si hubiese intentado decir exactamente las mismas cosas sin plantearlas en forma interrogativa, a los tres minutos hubiese sido derrotado por mi interlocutor. Aunque dije lo que tenía que decir, con toda la fuerza y excitación que pude darle, este prominente fabricante no se mostró resentido en momento alguno. Exponiendo mis ideas en forma de preguntas le iba indicando lo que debía hacer, pero sin arrebatarle su lugar como comprador. En cada ocasión que hacía una objeción o un comentario, le arrebataba la pelota con otra pregunta. Cuando finalmente se levantó, cogió su sombrero y dijo: "¡Vamos!" supe que él pensaba que la idea era suya.

Algunos días más tarde conseguí una carta de presentación de un amigo mío para el joven presidente de una empresa de ingenieros constructores que estaban levantando varias edificaciones importantes. Se trataba de uno de los organismos con más futuro en toda la ciudad.

El presidente leyó mi carta de presentación con una sola ojeada, y exclamó:

—Si piensa hablarme de algún seguro, puedo decirle que no me interesa. Hace solamente un mes que compré uno.

Había en su actitud algo tan terminante, que pensé sería fatal la insistencia. Sin embargo deseé sinceramente conocer mejor a este hombre, por cuya razón aventuré una pregunta:

—Señor Allen, ¿cómo empezó usted a trabajar en este negocio de la construcción de edificios?

¡Me pasé tres horas escuchándole!

Finalmente entró su secretaria llevándole algunos cheques para que los firmase. Cuando se fue, el joven presidente se me quedó mirando, pero no dijo nada. Yo le devolví en silencio la mirada.

—¿Qué más quiere de mí? —preguntó.

—Que me conteste algunas preguntas, —fue mi respuesta.

Salí de allí sabiendo exactamente lo que tenía en la mente . . . sus esperanzas, sus ambiciones, sus propósitos. Una vez, durante la entrevista, dijo:

—No sé por qué le estoy explicando todas estas cosas. ¡Le he dicho más cosas de las que sabe nadie . . . incluyendo a mi esposa!

Creo que ese día descubrió cosas que ni él mismo sabía; cosas que nunca habían cristalizado definitivamente en su misma mente.

Le di las gracias por su confianza y expuse que iba a meditar y estudiar cuantos informes me había dado. Dos semanas más tarde le presenté un plan que incluía a él y a sus dos socios, para la perpetuación y protección de su negocio. Era la víspera de Navidad. Esa misma tarde salí del despacho a las cuatro en punto llevándome en el bolsillo solicitudes firmadas para un seguro por 100,000 dólares sobre la vida del presidente; otro de igual valor sobre la del vicepresidente; y uno por 25,000 dólares correspondiente al secretario- tesorero.

Ese fue el comienzo de una íntima amistad personal con estos hombres. En los siguientes diez años, los negocios que hice con ellos ascendieron a un total de tres cuartos de millón de dólares.

Jamás les di la impresión de que les estaba "vendiendo". Fueron siempre ellos quienes "compraron". En lugar de intentar darles la sensación de que me sabía todas las contestaciones —como había sido mi costumbre antes de escuchar a Elliott Hall— *les hice que me dieran las respuestas,* concretándome a formular preguntas,

Durante un cuarto de siglo he venido observando que este modo de tratar con la gente es cien veces más efectivo que intentar atraerlos a *mi* forma de pensar.

Al conseguir esta idea del señor Hall pensé haber descubierto una nueva modalidad de pensamiento. Poco después supe que otro gran vendedor, aquí mismo en Filadelfia, se había pasado algún tiempo escribiendo bastantes cosas sobre este tema 150 años antes de que yo conociese al señor Hall. Es probable que hayan oído hablar de él. Se llamaba Benjamín Franklin.

Franklin explicó cómo había captado esta idea de un hombre que vivió en Atenas, Grecia, 2200 años antes de que el mismo Franklin hubiese venido a este mundo. Éste se llamó Sócrates. Gracias a su método de interrogar, Sócrates hizo algo que pocos hombres en la historia han sido capaces de hacer: cambió la forma de pensar del mundo.

Me quedé sorprendido al saber que, de joven, Franklin no se llevaba bien con la gente, se hizo enemigos porque discutía, hacía afirmaciones rotundas y trataba de dominar a los demás. Por fin, llegó a darse cuenta de que perdía terreno en todas partes. Entonces se interesó por estudiar los métodos socráticos. Le procuró gran placer desarrollar este arte y lo practicó de continuo.

"Esta costumbre", escribía Franklin, "creo que me ha sido de gran provecho porque con ella pude persuadir a muchos hombres de cosas que desde hacía tiempo intenta llevar a cabo; y como la finalidad principal de la conversación tiende a informar o a ser informado, deseo que los hombres sensibles, bien intencionados no reduzcan su poder de hacer cosas interesantes y asuman una actitud positiva segura, que tienda a crear oposición y a derrotar todos aquellos propósitos para los cuales se nos habló."

Franklin llegó a ser muy hábil y apto para eliminar a la gente; pero descubrió que lo más importante era seguir la regla indicada a continuación con objeto de *preparar* a sus interlocutores para las preguntas que él deseaba hacerles:

"Cuando otro asevera algo que yo estimo erróneo, me niego a mí mismo el placer de contradecirle abruptamente, y de señalarle enseguida lo que de absurdo hay en sus proposiciones; y al responder empiezo por observar que *en ciertos casos o\circuns-tancias su opinión estaría acertada, pero en el presente me parece o supongo que existen algunas diferencias,* etc. No tardé en encontrar la diferencia en este cambio de mi conducta; las conversaciones que sostenía se desarrollaban en forma más placentera. La actitud modesta en que expresaba mis opiniones facilitaba su comprensión y provocaba menos contradicciones; yo me sentía menos mortificado al ver que me hallaba equivocado. y, asimismo, hacía ver sus errores a los demás, con gran sencillez, dándome enseguida ellos la razón cuando yo la tenía."

Este procedimiento me pareció tan práctico y simple, que empecé a emplearlo enseguida para mis ventas. Inmediatamente me ayudó. Sencillamente repetía las palabras de Franklin como mejor se ajustaban a la ocasión.

Me ruborizo cuando pienso en la costumbre que tenía de decir: "No puedo estar de acuerdo con usted porque..."

La frase "¿no cree usted que?" es de una gran ayuda para no hacer afirmaciones rotundas. Por ejemplo, si yo les dijera: "Deberíamos evitar el hacer tantas aseveraciones contundentes. Deberíamos hacer más preguntas", me he limitado a establecer mi opinión. Pero si yo les dijese: *"¿No creen ustedes que deberíamos evitar el hacer tantas aseveraciones contundentes? ¿No les parece que deberíamos hacer más preguntas?"* la cosa sería muy distinta porque no se habrían dado cuenta de cuál era mi modo de pensar. Y, al mismo tiempo, les he dejado satisfechos preguntándoles su opinión. ¿No es cierto que el entusiasmo de nuestro oyente aumenta mucho si cree que la idea es suya?

Dos son las cosas que pueden ustedes hacer con una pregunta:

1. Dejar que la otra persona advierta lo que ustedes piensan.

2. Al propio tiempo pueden hacerle la cortesía de preguntarle su opinión.

Un famoso educador me decía en cierta ocasión: "Una de las mejores cosas que se obtienen mediante la educación universitaria es la costumbre de preguntar, el hábito de solicitar y pesar las pruebas... un comienzo científico de las conversaciones."

Pues bien, les diré que yo nunca he disfrutado la ventaja de asistir a la universidad, pero conozco uno de los mejores medios de hacer pensar a los hombres, planteándoles preguntas. Preguntas oportunas, claro está. La realidad es que en muchos casos, he advertido que este es el *único* procedimiento de obligarles a pensar...

LAS SEIS COSAS QUE SE GANAN CON EL PROCEDIMIENTO DE INTERROGAR

1. Les ayudará a evitar discusiones.
2. Les ayudará a no hablar con exceso.
3. Les servirá para ayudar a su interlocutor a identificar lo que desea. De esta manera podrán ustedes facilitarle el camino para conseguirlo.
4. Ayuda a cristalizar las ideas de la otra persona. La idea se convierte en *su* idea.
5. Sirve para encontrar el punto más vulnerable para poder cerrar la venta . . . la salida-clave.
6. Da a la otra persona la sensación de importancia. Cuando se le demuestra que se respeta su opinión, es más fácil que él respete la nuestra.

"Una de las mejores cosas que se obtienen mediante la educación universitaria es la costumbre de preguntar, el hábito de solicitar y pesar las pruebas . . . un comienzo científico de las conversaciones."

10. CÓMO APRENDÍ A ENCONTRAR LA RAZÓN MÁS IMPORTANTE POR LA CUAL COMPRA UN HOMBRE

H ACE TIEMPO SE comentaba que un hombre alto y muy fuerte estaba en un cabaret de Nueva York e invitó a todos cuantos le escuchaban a darle un golpe en el estómago con toda su fuerza. Varios hombres lo intentaron, incluyendo a Jack Dempsey, según se decía, pero los golpes no producían, al parecer, ningún efecto en aquel individuo tan fuerte. Una noche, al fondo del salón se hallaba un sueco de gran fortaleza y estatura, que no comprendía una palabra de inglés. Alguien le dijo que podía asestar un golpe todo lo fuerte que quisiera. El maestro de ceremonias fue hasta él y finalmente hizo entender al sueco, por señas, que deseaban que subiera y golpease al otro. El sueco lo hizo así, se despojó de la chaqueta, y se subió las mangas de la camisa. El otro hinchó el pecho mediante una aspiración profunda, y se dispuso a recibir el golpe. El sueco se colocó debidamente, pero en lugar de golpearle en el estómago, le dio un puñetazo en plena mandíbula y dejó al otro "knock out".

Por causa de un error en lo que se suponía que debía hacer, aquel gigantesco sueco había aplicado, por ignorancia, una de las mejores reglas del vendedor. Tocó el punto más vulnerable y concentró toda su fuerza en un solo sitio, en el que representaba la clave.

El mismo prospecto no siempre se da cuenta de cuál es su necesidad vital. Ahí tenemos el ejemplo del señor Booth, el fabricante de sedas de Nueva York. Pensó que su mejor solución se hallaba en conseguir un seguro al precio más barato. Y proyectaba estudiar y resolver el asunto con la vista fija en esto nada más. Tenía agentes de seguros que iban pisándole los talones día y noche. Era lo mismo que aquel otro hombre al que todos golpeaban en el estómago.

Descubrí 'que interrogándole, aparté su mente de lo que él creía su verdadera solución, y le puse sobre la pista de la que en realidad era la mejor de todas las soluciones.

Leyendo eso, la primera cosa que se me viene a la memoria, porque pienso en lo importante que es hallar el punto-clave, son unas palabras de Lincoln: "La mayor parte de mis triunfos como abogado criminalista radican en el hecho de que yo siempre cedí seis puntos al abogado oponente, con objeto de ganar el séptimo... *si es que el séptimo era el más importante.*"

La vista del proceso del "Rock Island Railroad", al cual nos referimos más tarde, es un soberbio ejemplo de cómo Lincoln aplicaba esta regla. El día que debía dictarse el veredicto, el abogado de la parte contraria empleó dos horas en hacer el resumen del caso. Lincoln pudo haber ganado tiempo discutiendo diversas aseveraciones hechas por su oponente. Pero con ello corría el riesgo de hacer que el jurado se confundiera, y a él solamente una cosa le interesaba el punto-clave. Menos de un minuto le costó referirse a él. Pero ganó el caso.

He hablado con miles de vendedores, y observado que muchos de ellos no prestan atención en lo más mínimo a ese punto que es la solución. Sí, sí, han leído acerca de ello. Pero ¿cual es el punto-clave? Simplifiquemos las cosas. ¿No es este precisamente?:

¿Cuál es la necesidad básica?

o

¿Cuál es el principal punto de interés, el más vulnerable?

¿Cómo pueden ustedes llegar a la solución? Animando a su prospecto a que hable. Tan pronto como un hombre les dé las cuatro o cinco razones por las cuales no quiere comprar, y ustedes traten de rebatirle, ya no podrán venderle.

Si se limitan a dejarle hablar, será él mismo quien les ayude a vender. ¿Por qué? Porque escogerá enfre esas cuatro o cinco cosas, la más importante de todas, y se aferrará a ella. A veces, el vendedor no necesita siquiera decir una palabra. Cuando aquél ha terminado, se vuelve a tocar el mismo punto. Habitualmente, ahí está la clave.

Hace varios años, yo asistí a una convención nacional de vendedores que tuvo lugar en Pittsburgh. William G. Power, director de Relaciones Públicas de la "Chevrolet Motor Company", refirió esta historia: "Me hallaba a punto de comprar una casa en Detroit. Llamé a un negociante en fincas. Era uno de los vendedores más hábiles que yo haya encontrado en mi vida. Me dejó hablar, y un rato después ya había descubierto que yo llevaba toda mi vida deseando poseer un árbol. Me llevó en su automóvil a unas doce millas de Detroit y me hizo pasar al patio posterior de una casa situada en una zona bellamente arbolada. "Mire esos árboles maravillosos", dijo, "¡nada menos que dieciocho!"

"Contemplé aquellos árboles, los admiré, y pregunté el precio de la casa. Me contestó que valía "X dólares". Entonces, añadí, "Saque su lápiz y afílelo." Pero no quiso rebajar un solo centavo. "Bueno, ¿qué me dice, por fin?" exclamé. "Puedo comprar una casa exactamente igual a esa por menos dinero." "Si puede, tanto mejor para usted, pero fíjese en esos árboles... uno... dos... tres... cuatro..."

"Y cada vez que yo mencionaba el precio, él se ponía a contar los árboles. Total, que acabó vendiéndome los árboles... y añadió la casa ¡de propina!

"Así es como se vende. Estuvo atento hasta averiguar lo que yo quería, y entonces me lo vendió.

Muchas ventas se me han escapado, sólo por dejar que

el hombre me hablara de cuanto tenía a bien, y haber tratado yo de contestar a cuanto me decía. Luego, solía sonar el teléfono, y el tipo me decía, "Por algún tiempo no pienso comprar nada." Gradualmente, mis errores y fracasos me han hecho saber que lo que debe hacerse es mostrarse de acuerdo con cuanto diga el cliente hasta averiguar cuál es la *verdadera* razón de que no compre.

Muchos prospectos tratan de engañarle a uno. En los dos capítulos próximos les diré cómo empleo dos preguntitas muy sencillas para saber si la objeción es cierta, y un método que he encontrado sumamente efectivo para averiguar la razón oculta.

RESUMEN

El principal problema en la venta es:

1. Descubrir la necesidad básica, o
2. El principal punto de interés.
3. ¡Y no salirse de él!

11. LA PREGUNTA MÁS IMPORTANTE EN LAS VENTAS. SÓLO TIENE SEIS LETRAS

L AS DOS PALABRAS que yo estimo de más fuerza, son las palabritas *¿por qué?* pero el saberlo me costó muchos años de tambalearme estúpidamente. Antes de conocer la importancia de esta pequeña pregunta, cuando alguien me presentaba una objeción, inmediatamente me ponía a discutir.

Vine a saberlo todo cierto día en que un amigo me telefoneó para invitarme a comer con él, entonces apreció realmente la fuerza de estas dos palabras que hacen milagros. Mi amigo se llama James C. Walker y es el presidente y propietario principal de la "Gibson-Walker Lumber Company", calles F. y Luzerne, Filadelfia. Después de ordenar que nos sirvieran la comida, Jim me dijo:

—Frank, voy a explicarte por qué deseaba verte. Recientemente estuve en Skyland, Virginia, fui a la caza de ciervos con un grupo de amigos. Lo pasamos muy bien. Sólo disponíamos de una habitación grande para dormir, y allí nos tumbábamos sobre los jergones. Bueno, pues ¿sabes lo que sucedió la primera noche? Uno tras otro se fueron durmiendo hasta que, finalmente, yo fui el único que seguía hablando. Cada vez que dejaba de hablar, el compañero que se hallaba a mi lado decía: "¿Por qué Jim? ¿Por qué?" y yo continuaba como un tonto, dando más y más detalles *hasta que le oí roncar*. Entonces me di cuenta de que sólo había tratado de comprobar mi resistencia oral.

Los dos nos echamos a reír.

—Allí mismo —prosiguió Jim—, se me ocurrió de repente que por esa misma razón había yo comprado mi primer seguro de vida. No sé si tú te diste cuenta de lo que estabas haciendo, Frank, pero la primera vez que me visitaste, te dije que iba a darte la misma razón que les había dado a todos los demás agentes de seguros que me habían visitado: "No creo en los seguros de vida."

"En lugar de enzarzarte en una interminable argumentación, como hacían los demás vendedores, te concretaste a preguntar, "¿Por qué?" Al explicártelo, me animaste a seguir, repitiendo una y otra vez "¿Por qué, señor Walker?" Cuanto más hablaba, más cuenta me iba dando de que argumentaba en falso. Finalmente me convencí de hallarme equivocado. Tú no me vendiste. Me vendí yo mismo. Pero nunca lo comprendí hasta esa noche que hablé demasiado allá en Skyland.

"Escucha, Frank, la moraleja de la historia es la siguiente: Desde que regresé de la excursión, sentado en mi despacho y simplemente hablando por teléfono, he vendido más madera que nunca, sólo preguntando "¿Por qué?" De manera que he querido decírtelo por si no sabías aún la razón de haberme vendido aquella primera póliza.

Jim Walker es uno de los hombres más ocupados de Filadelfia y uno de los madereros de mayor importancia. Siempre le he estado agradecido por haberme hecho observar una cosa que yo ignoraba totalmente: la fuerza de las palabras "¿Por qué?"

Me asombra que muchos vendedores teman servirse de ellas.

Referí esta historia en nuestros cursos de conferencias, hace algunos años, y hubo vendedores de artículos diversos que fueron a decirme cómo habían empezado a emplear las palabras "¿por qué?" y de lo que les había servido. Tomemos un ejemplo al azar. En Tampa, Florida, un vendedor de maquinaria se levantó una noche en la sala de clases y dijo:

—Anoche, cuando oí hablar al señor Bettger pensé tener

miedo en emplear las palabras "¿por qué?" Pero esta mañana, un hombre entró en nuestro establecimiento y pidió precio de una máquina. Le dije que costaba 27,000 dólares. "Es demasiado dinero para mí", replicó. "¿Por qué?" le pregunté. "Porque no creo que los valga", dijo. "¿Por qué?" insistí yo. "¿Cree usted que sí los vale?" inquirió francamente. "¿Por qué no? Ha venido siendo una inversión magnífica para todos los que las han adquirido", repliqué. "No la puedo comprar", exclamó. "¿Por qué?" repetí nuevamente. Cada vez que presentaba una objeción, yo inquiría "¿por qué?" Entonces iba dando sus razones. Yo le dejaba hablar. Habló lo suficiente para llegar a comprender que su forma de pensar no era correcta, de forma que compró la máquina. Ha sido una de las ventas más rápidas que he hecho en mi vida. Pero reconozco que no la habría realizado si hubiese utilizado mis habituales razonamientos de venta.

Fíjense bien en esto: El difunto Milton S. Hershey, que iba empujando un carrito con dulces y vendiendo por las calles, para acabar ganando millones con la fabricación de barritas de chocolate, creía que las palabras "¿por qué?" eran tan importantes, que a ellas dedicó su vida entera. Parece fantástico, ¿verdad? Bueno, pues he aquí cómo fue. Milton S. Hershey había fracasado tres veces antes de llegar a los cuarenta años. "¿Por qué?" se preguntó a sí mismo. "¿Por qué triunfan los demás, donde yo fracaso?" Dándole vueltas a esta idea fue reduciendo el círculo de respuestas hasta llegar a una sola razón: "Yo estaba trabajando sin tener todos los elementos necesarios." Desde ese día hasta su muerte —acaecida a los ochenta y ocho años—, toda su vida la dedicó a filosofar sobre la pregunta "¿Por qué?" Si alguien iba a decirle: "Esto no se puede hacer, señor Hershey", replicaba, "¿Por qué? ¿Por qué no?" Y seguía preguntando "¿por qué?" hasta que le habían dado todas las razones. A continuación, agregaba, "ahora la respuesta habremos de darla uno de los dos."

¡Bien! ¿No es eso exactamente lo mismo que descubrió J. Elliot Hall de Nueva York, y pudo después vender mejor? Había tratado de salir adelante y carecía de los elementos precisos. Esto es una parte de la lección que me enseñó.

En el capítulo siguiente, reseñaré dos entrevistas demostrativas de cómo la pregunta en cuestión, esas dos palabras mágicas, "*¿por qué?*", me ayudaron a reunir los elementos. Y también diré, cómo empleé el "*¿por qué?*" relacionándolo con otra frasecilla común que, asimismo, produce resultados sorprendentes.

12. CÓMO DESCUBRÍ LA OBJECIÓN OCULTA

E N CIERTA ocasión revisé todo un registro que contenía más de cinco mil entrevistas para tratar de averiguar la razón de que la gente comprase, o dejara de hacerlo. En el 62 por ciento de los casos, la objeción principal aducida en contra de la compra, no era en absoluto la razón *verdadera*. Observé que sólo en un 38 por ciento de los casos me había dado el prospecto la *verdadera* razón de no comprar.

¿Por qué es eso? ¿Por qué la gente —la gente sensata— perfectamente sincera en su comportamiento general, engaña y confunde a los vendedores? Esto es algo que me costó bastante tiempo llegar a entender.

El difunto J. Pierpont Morgan, Sr., uno de los hombres de negocios más hábiles de la historia, dijo en una ocasión: "Generalmente, todo hombre tiene dos razones para hacer una cosa: una que parece buena, y la *verdadera*." El llevar mis registros al día durante bastantes años, me vino a demostrar la veracidad de tal aseveración. De manera que empecé a hacer experimentos para encontrar algo que pudiera determinar si la razón que me daban era la verdadera o simplemente la que parecía buena. Casualmente encontré una sencilla frasecita que produjo resultados sorprendentes y que me ha hecho ganar muchos miles de dólares. Es una frase común y de uso diario. A esto se debe que sea buena. Esa frase es: "Además de eso. . ." Séame permitido explicar cómo la empleo.

Por varios años estuve tratando de vender seguros a una

gran empresa fabricante de alfombras que poseían y administraban tres hombres. Dos estaban a favor de la idea, pero el tercero se oponía. Era viejo y algo sordo. Cada vez que le hablaba del asunto, oía peor que nunca y era incapaz de entender una palabra de cuanto yo le iba diciendo.

Una mañana, mientras me desayunaba, leí en el periódico la noticia de su fallecimiento repentino.

Naturalmente, mi primera idea al enterarme de la noticia fue, "¡Ahora sí que tengo la venta segura!"

Varios días después telefoneé al presidente de la compañía e hice una cita con él. Anteriormente había ya hecho considerables negocios con él. Cuando llegué a la fábrica y fui acompañado hasta su despacho, observé que su aspecto no era tan agradable como de costumbre.

Me senté. Se me quedó mirando. Yo hice lo propio con él. Por fin, exclamó:

—Supongo que ha venido usted para hablarnos del asunto del seguro, ¿no es así?

Me limité a hacer un guiño.

No sonrió lo más mínimo.

—Bueno —dijo—, pues no vamos a hacer nada de eso.

—¿Por qué? —pregunté.

—Bueno, pues... porque ahora no vamos a hacer nada.

—¿No quiere decirme el *por qué*, Bob?

—Porque estamos perdiendo dinero —explicó—. Las cosas van mal y así llevamos todo el año. Tomar ese seguro nos costaría ocho o diez mil dólares anuales, ¿no es verdad?

—Sí —tuve que reconocer.

—Bien, pues hemos tomado la decisión de no gastar más dinero que el imprescindiblemente necesario, hasta que veamos cómo va a quedar todo esto.

Pasados unos minutos de silencio, dije:

—Bob, además de eso, ¿no existe alguna reserva mental? ¿No hay ninguna razón más que le haga vacilar en la compra de este plan?

Bob: (*Empezando a esbozar una sonrisa*). Pues bien, sí. Hay algo más que eso.

Yo: ¿No le importaría explicarme de qué se trata?

Bob: Pues de mis dos hijos. Terminaron sus estudios universitarios y están trabajando aquí ahora. Se pasan todo el día en la fábrica desde las ocho hasta las cinco, ¡y están encantados! ¿No cree usted que sería yo bastante tonto si entrase en un plan que liquidase mis intereses en este negocio, caso de fallecer? ¿Qué les iba a dejar a mis hijos? ¿Podían echarlos de aquí, no es cierto?

Aquí estaba la clave. La primera objeción era la que *parecía* buena. Ahora que ya conocía la razón *verdadera*, tenía en mis manos una oportunidad. Me di cuenta de que en este momento era todavía más importante para él hacer algo. Preparamos un plan que incluía a sus dos hijos. Un plan que garantizaba la situación independientemente de quien falleciese primero y cuando.

Esa sola venta me produjo 3,860 dólares.

Ahora bien ¿por qué hice esta pregunta a aquel hombre? ¿Porque dudaba de su palabra? No, no en absoluto. Su primera objeción era tan lógica y real, que no tuve razón para dudar de su palabra. En realidad, le creí. Pero los años de experiencia me han enseñado que allí había algo más. Lo demostraban mis registros. De manera que llegó a hacerse habitual en mí formular esa pregunta de todos modos, simplemente como rutina. No recuerdo que ni una sola persona se haya sentido molesta por ello.

Cuando la objeción planteada demostraba ser la razón verdadera, ¿quieren saber lo que hacía? Pues citaré un ejemplo. Estaba yo un día comiendo en la "Union League" de Filadelfia con dos amigos míos, Neale MacNeill, Jr., gerente de ventas de la "Sandoz Chemical Company" de Filadelfia también, y Frank R. Davies, negociante en terrenos, de la misma ciudad.

—Frank y yo tenemos un buen prospecto para ti —dijo Neale—. Don Lindsay nos estuvo hablando ayer tarde sobre la compra de un seguro. Está ganando muchísimo dinero, y podría venderle cincuenta o sesenta mil dólares. ¿No te parece, Frank?

Frank Davies pareció muy entusiasmado con el prospecto. Me aconsejó ir a verle a la mañana siguiente, y exclamó:

•—No olvides decirle que te hemos enviado Neale y yo.

Al día siguiente a las diez, entraba yo en la fábrica del señor Lindsay, situada en la Calle 54 y Avenida Paschall, de Filadelfia. Se dedica principalmente a la producción de artículos eléctricos. Le dije a la secretaria que deseaba ver al señor Lindsay de parte de los señores MacNeill y Davies.

Cuando me introdujeron en su despacho se hallaba de pie en un rincón, con tal expresión en su rostro que me hizo recordar el ceño de Jack Dempsey en los instantes que precedían al comienzo del combate.

Esperé, pero permanecía silencioso. Así que no me quedó más remedio que decir:

—Señor Lindsay, me envían a verle Neale MacNeill y Frank Davies. Me dijeron que desea usted adquirir un seguro de vida.

Empezó a soltar palabrotas y a proferir tales gritos que estoy seguro debieron haberle oído en la Avenida Paschall.

—¿Qué se han creído esos...? ¡Es usted el *quinto* agente de seguros que me han enviado en dos días! ¿Les parece una broma divertida?

¿Creen que me dejó confundido? Estuve a punto de soltar la carcajada, pero aquel individuo echaba lumbre por los ojos. Finalmente, dije:

—¿Qué dijo usted a Neale y a Frank para que crean que desea hacerse un seguro?

—¡Les dije que no he comprado ninguno en toda mi vida! —replicó a gritos—. ¡No creo en los seguros de vida!

—Señor Lindsay, es usted un hombre de negocios muy importante. —comencé diciendo—. Debe tener alguna razón muy importante para no querer comprarlo. ¿No quiere decirme el *por qué?*

—Claro que se lo voy a decir. (*Su voz bajo un poco de tono*). Tengo todo el dinero que necesito, y si me sucediera algo, mi esposa y mis hijas dispondrían de todo el dinero que necesitaran.

Hice una pausa como si estuviera meditando lo que acababa de decirme. Después, añadí:

—Señor Lindsay, ¿además de eso, no existe ninguna otra razón para que nunca haya comprado un seguro de vida?

ÉL: No, esa es la única. ¿No es una razón lo suficientemente buena?

YO: ¿Puedo hacerle una pregunta personal?

ÉL: Adelante.

YO: ¿No debe usted algún dinero?

ÉL: ¡Nada le debo a nadie en este mundo!

YO: ¿Si debiera mucho dinero, consideraría la conveniencia de adquirir un seguro de vida para enjugar la deuda en caso de fallecimiento?

ÉL: Pudiera ser.

YO: ¿No se le ha ocurrido pensar que, si muriese usted esta noche, automáticamente existiría un impuesto elevadísimo sobre su herencia y que sería el Tío Sam quien se encargaría de cobrarlo? ¿Y que antes de que su esposa e hijas pudiesen retirar nada tendrían que reunir el dinero para pagarlo?

El señor Lindsay me compró ese día el primer seguro de su vida.

Al otro día, vi a MacNeill y a Davies a la hora de comer. Cuando les dije que Lindsay había comprado el seguro, pusieron la mayor cara de asombro que he visto en mi vida. Por un rato, no quisieron creerme. Pero al comprender que yo no bromeaba, pareció que se sintieron fastidiados.

"Además de eso, ¿no existe alguna otra reserva mental?" Esta frase suele apremiar a la otra persona para que se explaye. Permítaseme que ilustre lo dicho, con una experiencia desacostumbrada. En Orlando, Florida, una mañana fue a verme al hotel un joven vendedor que tenía un grave problema por resolver. Aproximadamente dos años antes, la compañía que representaba, una empresa de productos químicos de Nueva York, había perdido misteriosamente su mejor cliente en la Florida, y jamás pudo saber la razón de haberlo perdido. Hicieron todas las tentativas posibles para recuperarlo. Uno de los vicepresidentes hizo un viaje especial desde Nueva York, pero sin resultado favorable.

—Cuando entré en la compañía hace un año —me explicó el vendedor, un joven de buen aspecto—, me expusieron la importancia de recuperar este cliente y no dejarlo hasta haberlo logrado. He estado visitándole un año seguido, y me parece que no conseguiré nada.

Le hice diversas preguntas respecto a sus entrevistas y sobre todo las últimas.

—Precisamente esta mañana volví a estar allá —exclamó—. He hablado con el presidente, el señor Jones, pero siempre me dicen igual. Se niegan a dar explicaciones. Se limitó a permanecer sentado, con cara de fastidio. Cuando dejé de hablar, hubo un largo silencio, hasta que finalmente, lleno de confusión, me levanté y me fui.

Le sugerí que volviera esa misma tarde y le dijera al señor Jones que había recibido un recado de la compañía, en virtud de lo cual tenía que regresar inmediatamente. El vendedor y yo hablamos acerca de lo que tendría exactamente que decir. Luego, le hice que me lo repitiese.

Esa misma tarde me telefoneó a una hora bastante avanzada y se hallaba tan excitado que apenas si era capaz de hablar.

—¿Puedo ir a verle ahora mismo? —preguntó—. ¡El señor Jones me ha hecho un *pedido!* Y me parece que todas las dificultades han quedado resueltas. ¡Nuestro gerente de Atlanta llegará esta misma noche en avión!

Parecía increíble. Creo que yo me sentía casi tan excitado como él.

—Véngase enseguida para acá y cuéntemelo todo.

He aquí la entrevista, tal como me la refirió:

—Todo me parece tan sencillo, que apenas puedo creerlo. Al entrar en el despacho del señor Jones, levantó la cabeza y se me quedó mirando con sorpresa.

VENDEDOR: Señor Jones, después de verle esta mañana, recibí órdenes de nuestra casa matriz de Nueva York para que volviese a visitarle inmediatamente y averiguase los hechos... quieren saber exactamente *por qué* dejó de ser cliente nuestro. Nuestra compañía está segura de que tiene usted que tener una buena razón; alguno de nuestros empleados tiene que haber cometido un disparate que le haya molestado. ¿No quisiera decirme de qué se trata, señor Jones?

JONES: Ya se lo dije antes. He decidido comprar a otra negociación. Me han satisfecho por completo y no me interesa estar cambiando.

VENDEDOR: (*Pasados unos minutos de silencio*). Señor Jones, ¿además de eso, no existe alguna otra razón? ¿No tiene usted alguna reserva mental?

(*Ninguna respuesta*)

VENDEDOR: Si hay algo más, y me dice de qué se trata para que podamos ponerlo en claro, usted mismo se sentirá satisfecho por habernos dado la oportunidad de arreglar las cosas. Si pudiéramos demostrarle fuera de toda duda que se había tratado de un error no intencionado, usted se quedaría más contento por habernos facilitado la manera de corregir la equivocación. ¿No es cierto, señor Jones?

(*Lo mismo de antes. El señor Jones seguía sentado y mirando hacia la ventana. Pero en esta ocasión, yo seguí quieto, y esperé que hablase. La espera me pareció espantosamente larga, mas finalmente comenzó a hablar*).

JONES: Bueno, pues si desea saberlo, le diré que su compañía cortó un descuento especial que nos hacía, sin previo aviso. ¡Tan pronto como me enteré, suspendí las relaciones comerciales!

¡Esta era la *verdadera* razón!

He aquí lo que sucedió: El avispado vendedor no perdió tiempo. Dio las gracias al señor Jones por sus informes, corrió presuroso al teléfono público más cercano y se comunicó con la sucursal de Atlanta. Aquí sacaron los registros y se comunicaron, a su vez, con la central de Nueva York. Al comparar las facturas vieron que el señor Jones tenía buenas razones para creer que su descuento le había sido suprimido, aunque en realidad no era así. El vendedor recibió instrucciones de volver inmediatamente al despacho de Jones. Cuando llegó allá, ya Jones había sido convencido por teléfono de lo ocurrido realmente. El gerente de la sucursal de Atlanta se echó toda la culpa por no haber notificado oportunamente al señor Jones que iban a comenzar a facturarle sobre bases netas.

He dudado un poco, antes de hacer pública esta fórmula. Temí que pudiera ser considerada como un truco. Y yo no creo en trucos. No puedo utilizarlos. No sirven. Los he intentado. Y me satisface que fracasaran porque a la larga, sé que los trucos dan malos resultados en cualquier clase de negocio. No hay cosa que pueda reemplazar a la honradez completa, que debe ser lo primero y lo último en todo tiempo.

RESUMEN

Recuérdense estas sabias palabras de J. Pierpont Morgan: "Generalmente, todo hombre tiene dos razones para hacer una cosa: una que parece buena, y la *verdadera*."

La mejor fórmula que he encontrado para averiguar la *verdadera* es utilizar continuamente estas dos preguntitas:

"¿Por qué?" y "¿Además de eso...?"

13. EL ARTE OLVIDADO QUE ES COMO LA MAGIA DEL VENDEDOR

ALGUNOS AÑOS atrás hice un viaje de costa a costa dando conferencias en compañía de Dale Carnegie. Cinco noches a la semana nos enfrentábamos con auditorios de varios cientos de personas. Era gente ávida de mejorar tanto en lo personal como en su trato con los demás; personas de ocupaciones varias: taquígrafos, profesores, gerentes de empresa, abogados, vendedores, constructores.

Era mi primer viaje como conferencista, y se convirtió en la aventura más excitante de mi vida. Cuando regresé a casa, me sentía ansioso de hacer dos cosas: empezar a vender de nuevo, y, claro está referir mis experiencias a todo el mundo.

La primera persona que visité fue al presidente de una empresa de Filadelfia dedicada a la venta al mayoreo y menudeo de leche y productos de granja. Anteriormente había hecho con él algunos negocios de importancia. Pareció sinceramente contento de verme. Cuando me senté frente a él en su despacho, me brindó un cigarrillo, y exclamó:

—Frank, cuénteme lo de su viaje.

—Muy bien, Jim, —respondí—, pero primeramente tengo deseos de saber cómo le va. ¿Qué ha hecho? ¿Cómo está Mary? ¿Cómo andan sus negocios?

Le oí interesado cuanto me refirió sobre sus negocios y familia. Luego, me contó lo sucedido en una partida de *poker* a la que habían asistido él y su esposa la noche anterior. Habían jugado al "Red Dog". Bueno, yo nunca había oído hablar del tal "Red Dog", pero bromeamos y nos reímos mucho con las incidencias de ese juego que, al parecer, es sumamente divertido.

Aun no le había referido nada de mi viaje, pero él daba la impresión de estar pasándolo muy bien y cuando intenté marcharme, dijo:

—Frank, hemos estado pensando asegurar al superintendente de nuestra empresa. ¿Cuánto costaría una póliza de 25,000 dólares sobre su vida?

En ningún momento tuve oportunidad de hablar de mí, pero salí de allí con una solicitud para un seguro probablemente intentado por algún otro vendedor que lo perdió seguramente por hablar demasiado.

Esto me sirvió de lección: *La importancia de ser un buen oyente*, podríamos llamarla, pues de esta manera se demuestra a la otra persona que uno se halla sinceramente interesado en lo que ella refiere, prestándole toda la mayor atención por la cual se muere, pero que nadie le concede.

Mírese fijamente a la cara de la persona que nos habla, con interés absorto, enorme (aunque se trate de la propia esposa), y obsérvese el efecto mágico que se opera en uno mismo y en la persona que habla.

En esto no hay nada nuevo. Cicerón decía, hace 2,000 años: "El silencio es un arte, y también hay elocuencia en él." Pero el escuchar se ha convertido en un arte olvidado. Los buenos oyentes son raros de encontrar.

Recientemente, una gran organización nacional escribió este informe especial a todos sus vendedores:

> "La próxima vez que vaya al cine fíjese cómo los actores escuchan lo que dicen los demás personajes de la obra. Para ser un gran actor, es necesario ser un maravilloso oyente, así como un buen hablador. Las palabras del que habla se reflejan en el rostro del oyente como si se tratara de un espejo. Si el que oye sabe escuchar, podrá robarle una escena al que

está hablando. Un famoso director cinematográfico decía que muchos actores fracasan y no llegan a ser estrellas porque no han aprendido el arte de saber escuchar adecuadamente."

¿Debe aplicarse el arte de escuchar solamente a los actores y a los vendedores? ¿Por qué no ha de ser de tremenda importancia para todos nosotros, nos dediquemos a lo que nos dediquemos? ¿No se han fijado que muchas veces no produce impresión en nuestro oyente lo que estamos diciendo? He encontrado mucha gente que me escuchaba con interés, pero sin oír lo que le estaba diciendo. El efecto de mis palabras era nulo, absolutamente nulo, en cuanto a ellos se refería. Por eso me dije para mis adentros: "¡La próxima vez que esté hablando con un hombre y ocurra esto, alto! ¡Alto aunque sea en medio de una frase!" A veces llego a detenerme en medio de una palabra.

He encontrado personas que lo consideran como una cortesía. Jamás se sienten ofendidas. Nueve veces de cada diez tienen en la mente alguna cosa que les gustaría decir. Y si lo hacen, entonces ya pierden su atención a lo que uno estaba diciéndoles.

Por ejemplo, uno de nuestros vendedores (al que llamaremos Al) me llevó a entrevistar al difundo Francis O'Neill, gran fabricante de papel. El señor O'Neill, había empezado vendiendo papel, luego se dedicó al negocio por su cuenta y mediante un trabajo duro, tenaz, llegó a ser uno de los fabricantes de más importancia en el país, fue propietario principal de la "Paper Manufacturers Company" de Filadelfia. Era uno de los hombres más considerados en la industria papelera. Estaba asimismo reputado como hombre de pocas palabras.

Después de la presentación habitual, el señor O'Neill nos invitó a tomar asiento. Empecé a hablarle sobre los impuestos en relación con sus bienes y su negocio, pero ni siquiera me miró una vez. No podía verle la cara. Solamente podía verle la parte alta de la cabeza, en tanto que él miraba hacia el suelo. No había manera de saber si estaba escuchándome o no. ¡Pasados unos tres minutos quizá, me detuve en medio de una frase! Sobrevino un silencio francamente embarazoso. Me arrellané cómodamente en mi asiento y me limité a esperar.

Un minuto de semejante situación fue demasiado para Al. Empezó a rebullirse nerviosamente en su sillón; temía que mis nervios hubiesen fallado en presencia de este hombre tan importante. Estimó que debía salvar la situación. Conque se puso a hablar. ¡Si hubiera podido llegar hasta él por debajo de la mesa, le hubiese largado un puntapié en los tobillos! Mirándole fijamente hasta conseguir que él me mirase también a mí, le indiqué con la cabeza que debía callarse. Por fortuna captó el gesto y se detuvo inmediatamente.

Se produjo un nuevo silencio espantoso que duró un minuto más. (*Claro que pareció mucho más largo*). Finalmente, levantando un poco la cabeza, el fabricante de papel nos echó una ojeada. Pudo ver que yo estaba completamente tranquilo y solamente esperando que él tomase la palabra.

Nos miramos mutuamente de manera expectante. (*Al me decía después que jamás había visto nada semejante. No podía imaginar lo que iba a suceder.*) Al fin, el señor O'Neill rompió el silencio. He tenido ocasión de observar que si uno espera lo suficiente, la otra persona *invariablemente* toma la palabra. Habitualmente era un hombre de pocas palabras, pero ahora estuvo hablando ávidamente casi media hora. Mientras le vi con deseos de hacerlo, procuré animarle a proseguir.

Cuando terminó, dije:

—Señor O'Neill me ha dado usted algunos informes importantes. Veo que ha prestado usted más atención a este asunto, de lo que suelen hacer la mayoría de los hombres de negocios. Usted es un negociante que ha triunfado, y no iba yo a ser tan egoísta como para pensar en llegar aquí, y, a los pocos minutos, darle la solución correcta a un problema que usted lleva dos años tratando de resolver. Sin embargo, me agradaría tener tiempo para estudiarlo más a fondo. Puedo regresar con algunas ideas que le sirvan de algo.

Lo que al comienzo prometía ser la más desagradable de las entrevistas, terminó siendo un éxito. ¿Por qué? Simplemente porque conseguí que este hombre me hablara de sus problemas. Mientras le escuchaba, iba yo tomando nota de sus necesidades. Unas cuantas preguntas tácticas me dieron la clave de toda su situación, y de lo que deseaba llevar a cabo. Este caso se convirtió posteriormente en una serie de negocios.

De gran provecho sería para todos nosotros recitar esta plegaria todas las mañanas: "Oh, Señor, ayúdame a mantener la boca cerrada, hasta que sepa de lo que tengo que hablar... Amén."

Ha habido muchas veces en las que me hubiese dado yo mismo un buen golpe en los dientes por estar hablando, cuando debía haberme dado cuenta de que el hombre ni siquiera me escuchaba, pero mi mente se hallaba tan abstraída en mis propias palabras, que me costaba mucho tiempo darme cuenta de la situación.

Muchas veces, por la mente de los hombres pasa todo un desfile de ideas, y a menos que le demos oportunidad de decir algo, no tendremos medio de saber lo que piensa.

La experiencia me ha enseñado que es un buen procedimiento cerciorarse de que la otra persona participa de la conversación en su primera mitad. Luego, al continuar hablando, está uno más seguro de los hechos y contará con un oyente más atento.

A todos nos molesta que nos interrumpan, que se nos corte antes de haber terminado y, sobre todo, si se trata de unos tipos listos que saben de antemano lo que uno va a decir. Ya ustedes saben lo que quiero decir; me refiero a esas personas que en lugar de tener cerrada la boca, se anticipan y explican dónde y por qué está uno equivocado, y se apresuran a ponerlo en claro todo. ¡La verdad es que dan ganas de darle un buen puñetazo en plena mandíbula!

Aun cuando él tenga razón, le fastidia a uno haber de admitirlo, y si se trata de un vendedor, a veces se recurre a una mentira para quitarse de encima al tipo listo, aunque después haya de recorrer tres, kilómetros para comprar lo mismo que él vende, sin que importe tener que pagarlo más caro.

*Cuando era joven, Benjamín Franklin era de los que gustaba llevar el peso de la conversación y contradecir a sus interlocutores, de forma que todos procuraban evitarle, cruzándose a la otra acera. Un cuáquero amigo suyo le hizo cariñosamente observar esta grave falta, y convenció a Ben, citándole varios ejemplos. Aproximadamente medio siglo después, cuando ya tenía setenta y nueve años, Franklin escribía estas palabras en su famosa autobiografía:

> Considerando que en la conversación se obtiene el talento mejor utilizando los oídos que la *lengua*, concedí al *Silencio el segundo lugar* entre las virtudes que determiné cultivar.

¿Qué me dicen de ustedes? ¿No se han puesto muchas veces a pensar en lo que van a decir, en lugar de escuchar atentamente? He observado que cuando yo no escuchaba con atención, se me confundían las ideas, perdía las huellas del punto principal, y frecuentemente llegaba a conclusiones erróneas.

Sí, es absolutamente cierto que hay ocasiones en que la gente se siente tan halagada ante nuestra atención e interés por escucharla y enterarnos de lo que desea decir, que llega a excederse y facilita claves maravillosas. Por ejemplo, uno de nuestros vendedores consiguió llevarme a una entrevista con George J. DeArmond, prominente comerciante en artículos de tapicería, instalado en el 925 de la Calle Filbert de Filadelfia. La cita era a las once de la mañana. Seis horas más tarde, John y yo salíamos tambaleantes del despacho de ese hombre y nos metíamos a tomar un café que nos despejase un poco la cabeza. Claramente advertí que John se sentía defraudado con mi charla sobre la venta. Tal exagero si aseguro que no llegué a hablar cinco minutos siquiera.

La segunda cita fue fijada para el día siguiente *después* de comer. Esta otra "conferencia" principió a las dos en punto, y si el chofer de nuestro prospecto no hubiese acudido en nuestro rescate a las seis de la tarde, ¡todavía estaríamos allí!

Posteriormente, calculamos que nuestra conversación para proponerle la venta había durado escasamente una media hora, pero, en cambio, nos habíamos pasado más de nueve horas escuchando la sorprendente historia del anciano hombre de negocios y enterándonos de toda su accidentada vida. Desde luego resultaba inspirador e interesante saber. que había empezado con nada, pasado depresiones económicas, sufrido una enfermedad nerviosa a los cincuenta años, formado sociedad para que el socio le jugara una mala pasada, y que finalmente logró fundar uno de los mejores negocios del ramo que había en el Este. Probablemente habían transcurrido muchos años sin que nadie se prestara a escuchar toda su historia. Llegó a excitarse, y hubo ocasiones en que los ojos se le humedecieron por la emoción.

Evidentemente, la mayoría de las personas se dedicaban a hablar con este hombre, en vez de escucharle. Nosotros nos limitamos a invertir el procedimiento, y fuimos bastante bien recompensados. Aseguramos a un hijo suyo, J. Keyser DeArmond, de cincuenta años, por 100,000 dólares destinados a la· protección del negocio.

El doctor Joseph Fort Newton, predicador famoso, autor, y conocido columnista periodístico, me decía en una ocasión: "Los vendedores necesitan escuchar. Una de mis obligaciones principales consiste en oír cosas acerca de las vidas humanas."

"No hace aun mucho tiempo", añadió el doctor Newton,

"una mujer vino a sentarse frente a mi escritorio. Era casi tan sorda como una piedra y apenas podía oír una sola de mis palabras. La historia que me refirió era de lo más dolorosa y lamentable, y me la contó hasta en sus menores detalles. Creo no haber escuchado jamás una cosa más triste que esa historia que la infeliz me refirió íntegra."

"Me ha ayudado usted muchísimo", dijo al final. "Tenía que decírselo a alguien, y usted ha sido muy amable al escucharme con simpatía."

"Yo escasamente dije algunas palabras", exclamó el doctor Newton, "y dudo mucho que oyera lo que dije. De todos modos, compartí su soledad y su dolor, y esto le ayudó a sobrellevar la carga de su pena. Al marcharse, me dedicó la más dulce de sus sonrisas."

Dorothy Dix, una de las periodistas más leídas del mundo, estaba en lo cierto cuando escribió: "El camino más rápido para alcanzar la popularidad consiste en prestarle a todo el mundo los oídos en lugar de la lengua. Nada de lo que tengáis que decirle a un individuo será para él tan interesante como lo que ansía deciros sobre sí mismo. Y todo cuanto necesitáis, para ganaros la reputación de ser un compañero fascinador, será decir: "¡Qué maravilloso! Cuéntame más cosas."

Hace ya mucho tiempo que no me preocupo por ser un conversador brillante. Trato sencillamente de ser un buen oyente. Me he dado cuenta de que la gente que lo hace es habitualmente bien recibida donde quiera que va.

RESUMEN

SEGUNDA PARTE

RECORDATORIOS DE BOLSILLO

1. El secreto más importante para vender, consiste en descubrir lo que la gente desea, y ayudarla después a conseguirlo.

2. Si se desea "dar en el blanco", recuérdese el sabio consejo de Dale Carnegie: "Solamente existe un medio en este mundo para conseguir que la gente lo haga todo. Un medio tan solo. Y consiste, en lograr que la otra persona quiera hacerlo. Recuérdenlo,"no hay otro medio." *Cuando a un hombre se le muestra lo que él desea, removerá cielo y tierra para conseguirlo.*

3. Cultívese el arte de formular preguntas. Las preguntas, más que las afirmaciones rotundas, pueden representar el modo más efectivo de efectuar una venta, o de atraerse la gente a la propia manera de pensar. Inquirir en vez de atacar.

4. Averígüese el punto-clave, el más vulnerable, y no se aparten de él.

5. Apréndase a emplear las dos palabras más importantes para vender, esas dos palabritas

de muy pocas letras, "¿Por qué?" Téngase presente a Milton S. Hershey, que fracasó tres veces antes de los cuarenta años, y el cual pensaba que esas dos palabras eran tan importantes en los negocios que a ellas dedicó su vida entera.

6. Para encontrar la razón oculta, la *verdadera* razón, recuérdese lo que decía J. Pierpont Morgan: "Generalmente todo hombre tiene dos razones para hacer una cosa: una que parece buena, y la *verdadera*." Puede apostarse doble contra sencillo a que hay algo más en el fondo. Háganse estas dos simples preguntas: "¿Por qué?" y "¿Además de eso...?" Procúrese utilizarlas toda una semana seguida. Producirá verdadera sorpresa observar cómo quedan vencidas todas las objeciones.

7. Recuérdese ese arte olvidado que es una cosa mágica para el vendedor. Séase un buen oyente. Muéstrese a la otra persona hallarse sinceramente interesado en cuanto ella dice, préstesele la mayor atención y aprecio porque todo el mundo lo anhela, y raramente lo consigue. Es uno de los principios más importantes que integran la fórmula para vender. ¡Sí, es mágico para vender!

SEIS MODOS DE ATRAERSE Y CONSERVAR LA CONFIANZA AJENA

14. LA LECCIÓN MAS IMPORTANTE QUE HE RECIBIDO PARA CREAR CONFIANZA

CUANDO ME DEDIQUÉ a vender, tuve la buena fortuna de ser puesto bajo la supervisión de Karl Collings, el cual durante cuarenta años figuró a la cabeza de los mejores vendedores de su compañía.

La mayor fortuna del señor Collings consistía en su notable habilidad para inspirar confianza a los demás. Tan pronto como se ponía a hablar uno sentía, "He aquí a un hombre en quien puedo confiar; sabe su negocio y es digno de confianza." Lo noté en cuanto le vi la primera vez. Un día supe el por qué.

Un prometedor prospecto me había dicho, "Vuelva por aquí cuando pase el primero de mes. Es posible que haga algo", pero tenía miedo de regresar. La verdad es que me sentía tan descorazonado por ese tiempo, que todos los días pensaba abandonar el negocio. Por eso pregunté al señor Collings si quería acompañarme a visitar a aquel hombre. Me contempló atentamente y respondió: "Claro que iré".

Pues bien, realizó la venta con facilidad sorprendente. ¡Era de verse mi excitación! Ya empecé a hacer cuentas con mi comisión. ¡Me iban a corresponder 259 dólares! Pero a los pocos días llegaron las malas noticias. Debido a su mala condición física, la póliza se extendió ligeramente "modificada".

—¿Tenemos que decirle que no es un contrato como los demás? —supliqué más que preguntar—. Él no se va a enterar como no se lo digamos.

—No, pero lo *sé yo*. Y *usted* también —repuso tranquilamente el señor Collings.

No tardamos en hallarnos frente al comprador en perspectiva.

—Podría decirle que esta póliza es como todas —principió diciendo el señor Collings—, y usted probablemente no advertiría la diferencia, pero no se trata de eso. —Acto seguido, explicó al hombre la diferencia—. Sin embargo —continuó Collings, mirando fijamente a los ojos de su interlocutor—, me parece que este contrato da a usted la protección que necesita y me agradaría que lo considerase seriamente.

Sin la menor vacilación, el hombre contestó:

—Me quedo con ella —e inmediatamente firmó un cheque con la prima de todo el año.

Observando a Karl Collings en esa entrevista, comprendí el *por qué* la gente creía en él, por qué le entregaban su confianza con tanta facilidad. Esa entrevista me sirvió mucho más que todas las explicaciones y consejos que hubiese podido darme en toda la vida. ¡Merecer la confianza! Llevaba la honradez pintada en los ojos.

"No... *él* lo sabrá", demostró ser la clave del verdadero carácter de Karl. El hondo significado que ocultaban estas sencillas palabras, no he podido olvidarlo jamás. Mi mayor fuente de valor, aun cuando las cosas se hayan puesto oscuras, ha procedido de mi creencia en la sabiduría que encierra esta filosofía: No... la *otra persona* lo creerá.

Una vez llevé en mi bolsillo el siguiente recorte y lo estuve leyendo hasta que llegó a formar parte de mí mismo:

El vendedor mejor y más inteligente es siempre el que dice claramente la verdad acerca de lo que vende. El que mira de frente al cliente en perspectiva y le habla del artículo con serenidad. Esto es siempre impresionante. Y si no consiguiera vender en la primera visita, deja tras de sí una estela de confianza. El cliente, por regla general, no puede ser engañado la segunda vez por ninguna charla hábil o envolvente que no responda exactamente a la verdad. Ni el mejor charlista conseguiría hacer la venta... pero sí el vendedor más honrado... hay algo en la mirada, en la distribución de las palabras, en el espíritu de un vendedor, que inmediatamente hace confiar o desconfiar... el mostrarse siempre absolutamente honesto es más seguro y mejor.

George Matthew Adams.

No pertenezco a la Asociación de Agentes de Seguros de Vida, pero invariablemente he venido siguiendo su código. Todo vendedor saldría ganando mucho si hiciese lo mismo: "En todas mis relaciones con los clientes, me comprometo a observar la siguiente regla de conducta profesional: Enterado de todas las circunstancias que concurran en mi cliente, las cuales haré todos los esfuerzos por averiguar y comprender, le daré el servicio que me hubiese aplicado a mí mismo en igualdad de circunstancias."

Para ganar y conservar la confianza de los demás, la Regla Número Uno es:

MERECER LA CONFIANZA

15. UN GRAN MÉDICO ME ENSEÑÓ UNA LECCIÓN VALIOSÍSIMA ENCAMINADA A GANAR CONFIANZA

UN SÁBADO POR la noche llegué a Dallas, Texas —hace de esto algunos años ya— con una infección estreptocócica en la garganta. No podía hablar. Y estaba contratado para dar una serie de conferencias que durarían cinco noches, a partir del lunes siguiente. Llamé a un médico. Me señaló un tratamiento, pero a la mañana siguiente mi estado había empeorado. Me parecía imposible poder llegar a dar las conferencias. Entonces fui recomendado al doctor O. M. Marchman, 814 Medical Arts Building, en Dallas. Vino a verme y consiguió lo que el primer médico aseguró ser *imposible*. ¡Pude dar perfectamente todas mis conferencias!

Mientras duraba el tratamiento, una mañana el doctor Marchman me preguntó dónde tenía mi domicilio. Al contestarle que en Filadelfia, sus ojos se iluminaron.

—¿Ah, sí? Viene usted del centro médico del mundo —exclamó—. Yo me paso seis semanas todos los veranos en esa ciudad asistiendo a conferencias y clínicas.

¡Francamente, quedé sorprendido! Tenía frente a mí un hombre que poseía una de las mayores prácticas de todo el Suroeste, y sin embargo a la edad de sesenta y seis años estaba tan interesado en conocer los últimos adelantos científicos de su profesión que se pasaba su vacación anual de seis semanas asistiendo a conferencias y clínicas. ¿Puede sorprender a nadie que un hombre así estuviera considerado como el mejor especialista en otorrinolaringología de Dallas, Texas?

Frank Taylor, agente de compras de la "General Motors" hace muchos años, decía: "Me gusta hacer negocios con la gente que está informada de su asunto, porque puede decirme con exactitud qué es lo que me puede servir entre lo que vende. y va a lo suyo sin perder tiempo ni hacérmelo perder a mí. Me agradan los hombres con ideas útiles, el que me puede indicar la manera de obtener más beneficio o mejor rendimiento por la misma cantidad de dinero. Ése me ayuda a desempeñar mi trabajo con plena satisfacción de mis jefes. Procuro favorecer a todo vendedor que es absolutamente honrado con el artículo que vende, y que comprende sus limitaciones así como sus virtudes. Jamás he tenido una dificultad con hombres semejantes."

Allá en la época que yo luchaba por salir adelante, había dieciséis vendedores en nuestra oficina de Filadelfia. Dos de ellos producían aproximadamente el setenta por ciento de toda la venta. Advertí que estos dos hombres eran consultados continuamente por los restantes vendedores. Probablemente saqué más ventajas que nadie, de su generosidad. Finalmente llegué a la conclusión de que era muy significativo que estos dos fueran los mejor informados. En una ocasión le pregunté a uno de ellos de dónde sacaba todos sus informes. "Estoy suscrito a los servicios informativos que dan todas las respuestas legales, buenas ideas para vender, etc., y leo los mejores periódicos y revistas", me respondió.

—¿De dónde saca el tiempo para leer y estudiar todas esas cosas? —inquirí.

—Lo busco —replicó.

Estas palabras me hicieron sentir culpable, y pensé: "Si él puede encontrar tiempo, también he de poder yo. Su tiempo vale diez veces más que el mío." De manera que me suscribí a uno de los servicios que me recomendó, y pagué la suscripción mensual. No tardé mucho en cerrar una magnífica venta que ni siquiera se me habría pasado por la imaginación, de no haber empezado a informarme debidamente. Como era natural me entusiasmé, y se lo dije a uno de nuestros compañeros de la oficina. Le apremié para que también siguiera él ese curso. "Ahora no puedo", me dijo.

Al día siguiente, iba a cruzar la Calle Broad en una de sus intersecciones, cuando se me echó encima un automóvil elegante y costoso. Al levantar los ojos, reconocí al propietario. Era el mismo hombre que el día anterior me había dicho que *no podía adquirir* aquel servicio, cuyo costo era de 48 dólares. ¡Posteriormente, ese mismo individuo tampoco pudo tener aquel automóvil!

He viajado por todo el país para asistir a reuniones de agentes vendedores y conferencias sobre el mismo tema. En todas esas ocasiones, he observado siempre que sólo destacan aquellos que conocen su negocio.

Billy Rose, en su columna periodística titulada "Pitching Horseshoes", escribía no hace aún mucho tiempo: "Esta es la era del especialista. El agrado y los buenos modales se cotizan a razón de 30 dólares por semana. A partir de ahí, las ganancias se hallan en razón directa con la cantidad de conocimientos especializados que el hombre lleve en la cabeza."

¿Durante cuánto tiempo debemos seguir estudiando y aprendiendo? Bueno, pues el doctor Marchman, de Dallas, Texas, continuaba haciéndolo intensamente a los sesenta y seis años, y no creía que llegara nunca el momento propicio para dejarlo. Henry Ford, por su parte, decía: "Aquel que deja de aprender, es viejo... lo mismo da que tenga veinte u ochenta años. El que sigue aprendiendo, continúa joven. La cosa más importante en la vida es conservar joven la mente."

De manera que si desean tener confianza en sí mismos, y atraerse y conservar la confianza de los demás, considero una regla esencial que:

CONOZCAN SU NEGOCIO Y SIGAN ESTUDIÁNDOLO A FONDO

16. EL MEDIO MÁS RÁPIDO QUE DESCUBRÍ PARA ATRAER LA CONFIANZA DE LOS DEMÁS

EL MEDIO MÁS RÁPIDO que he descubierto en mi vida para ganar la confianza ajena consiste en... bueno, séame permitido ilustrarles mejor refiriendo una entrevista. La escena tuvo lugar en el despacho del difunto A. Conrad Jones, tesorero de la "I. P. Thomas Company", Camden, N. J., grandes productores de fertilizantes. El señor Jones no me conocía y no tardé en darme cuenta de que prácticamente, tampoco sabía nada de mi compañía.

Veamos cómo se desarrolló la entrevista en cuestión:

Yo: Señor Jones, ¿en qué compañías está asegurado?

JONES: En la "New York Life", en la "Metropolitan", y en la "Provident".

Yo: ¡Vaya, escogió usted las mejores!

JONES: (*Visiblemente complacido*) ¿Lo cree usted así?

Yo: ¡No las hay mejores en todo el mundo!

(*Acto seguido empecé a referirle algunas cosas relacionadas con esas compañías, cosas que de manera definitiva las colocaban en la categoría de grandes instituciones. Por ejemplo, le dije que la "Metropolitan" era la corporación mayor del mundo; una organización tan sorprendente, que en algunas comunidades había asegurado a todos los hombres mujeres y niños.*)

¿Le fastidiaba todo esto? ¡No señor! Me escuchaba interesado en todas mis explicaciones sobre esas compañías as guradoras y se iba enterando de cosas que jamás había oído mencionar. Pude darme cuenta de que se sentía evidentemente orgulloso por haber usado su buen criterio, al asegurarse en esas compañías importantes.

¿Me perjudicaron estas alabanzas honradas a mis competidores? Veamos, veamos lo que me sucedió:

Después de estos breves y favorables comentarios, concluí diciendo:

—Señor Jones, ya ve que aquí en Filadelfia tenemos *tres* grandes compañías: La "Provident", la "Fidelity", y la "Penn Mutual". Figuran entre las mayores de todo el país.

Pareció impresionado por mis conocimientos acerca de los competidores, y mi forma de ensalzarlos. Cuando coloqué a mi propia compañía en la misma categoría de las otras, con las cuales se había familiarizado ya, estaba mejor preparado para aceptar como exactas mis afirmaciones.

He aquí lo que ocurrió: Aseguré al señor A. Conrad Jones personalmente y al cabo de unos meses más, su compañía me compraba una serie de seguros de vida para sus cuatro gerentes. Cuando el presidente, Henry R. Lippincott, me interrogó sobre la "Fidelity", compañía en la que tenía hechos todos sus seguros, el señor Jones intervino y repitió casi al pie de la letra lo que yo le había dicho meses antes respecto a las "tres grandes compañías de Filadelfia".

No, no fue el ensalzar a mis competidores lo que me permitió llevar a cabo esas ventas, pero sí me colocó en "primera base", con lo cual estuve después en condiciones de "batear" con las bases llenas. Lo demás lo hizo mi buena suerte.

Llevo un cuarto de siglo alabando a mis competidores y ello me ha demostrado ser un procedimiento ventajoso y agradable de hacer negocios. ¿No es cierto que en nuestra vida diaria, con las relaciones sociales o de negocios, tratamos de ganarnos la confianza de los demás? He comprobado que uno de los medios más rápidos de ganarse y conservar la confianza ajena consiste en aplicar la regla recomendada por uno de los más grandes diplomáticos del mundo, Benjamín Franklin: "No hablaré mal de nadie, y diré todo lo bueno que sepa de todo el mundo."

De ahí que la Regla Tercera sea:

ENSALZAR A LOS COMPETIDORES

17. ¡CÓMO HACERSE ELIMINAR!

A RTHUR C. EMLEN, presidente de la sociedad "Harrison, Mertz & Emlen", importantes arquitectos e ingenieros con oficinas en el 5220 de la Calle Greene en Germantown, Filadelfia, me concedió la cortesía de una entrevista final. Su sociedad abarcaba una gran cantidad de negocios, y gozaba de buena reputación. El señor Emlen llamó a su despacho a los otros cuatro socios de la firma. Cuando todos estuvimos sentados, se me pasó por la mente que iba a resultar eliminado. Y estuve en lo cierto.

He aquí la entrevista:

EMLEN: Señor Bettger, no tengo muy buenas noticias para usted. Hemos estudiado cuidadosamente este asunto para llegar a la conclusión de que este seguro lo haga otro agente.

Yo: ¿No le importa decirme el por qué?

EMLEN: Bien, pues porque ha hecho la misma propuesta que usted, pero con un costo mucho más bajo.

Yo: ¿Me permite ver las cifras?

EMLEN: No creo que eso fuese muy correcto para con el otro agente, ¿no le parece?

Yo: ¿Vio él *mi* propuesta?

EMLEN: Bueno... pues... sí, pero sólo porque quisimos que nos formulara el mismo plan.

Yo: ¿Por qué no concederme a mí igual privilegio que a él? ¿Qué pierden con ello?

EMLEN: (*Mirando a sus socios*). ¿Qué os parece?

MERTZ: Está bien. ¿Qué perdemos con ello?

(*Emlen me entregó la propuesta. Tan pronto como le eché la vista encima, advertí que algo estaba mal. Había algo más que exageración. ¡Había falsedad!*)

YO: ¿Puedo usar su teléfono?

EMLEN: (*Un poco sorprendido*) Con mucho gusto.

YO: Señor Emlen, ¿tiene una extensión telefónica por la cuál pueda escuchar mi conversación?

EMLEN: Claro.

(*No tardé en estar en comunicación con el gerente local de la compañía, cuyo presupuesto había presentado el otro agente.*)

YO: ¡Hola, Gil! Habla Frank Bettger. Quisiera que me dieses algunos precios. ¿Tienes por ahí a mano el libro de tarifas?

GIL: Sí, Frank. Dime.

YO: Mira la tarifa correspondiente a cuarenta y seis años en vuestro "Plan Modificado de Vida". ¿Cuánto tiene que pagar?

(*Gil me dio los precios, y coincidían exactamente con las cifras de la propuesta que tenía en mi mano. Cuarenta y seis años era la edad del señor Emlen.*)

YO: ¿Cuál es el primer dividendo?

(*Gil me lo leyó y también coincidía exactamente.*)

YO: Ahora, Gil, ¿quieres darme la escala de dividendos en los primeros veinte años?

GIL: No puedo, Frank, sólo tenemos *dos* dividendos que podamos cotizar.

YO: ¿Por qué?

GIL: Pues porque se trata de un contrato nuevo, y la compañía no sabe cuál vaya a ser su resultado.

YO: ¿No puedes hacer el cálculo?

GIL: No, Frank, no podemos predecir con exactitud las condiciones futuras. Además, la ley no permite calcular futuros dividendos.

(*La propuesta que yo tenía en la mano fijaba unos dividendos en extremo liberales durante veinte años.*)

Yo: Gracias, Gil. Espero que pronto hagamos juntos algún negocio.

El señor Emlen se había enterado de toda la conversación. Cuando ambos colgamos el teléfono hubo una pausa breve. Me limité a sentarme y permanecer silencioso, mirando a todos. Levantó la vista, se me quedó mirando, después contempló a sus socios, y exclamó:

—¡Bien, está claro!

El negocio fue para mí sin más averiguaciones. ¡Creo que se lo habría llevado mi competidor, si se hubiera limitado a decir la verdad! No sólo perdió esa venta; perdió toda oportunidad de hacer cualquier futuro negocio con aquellos hombres. Por si algo faltaba, perdió el respeto por sí mismo.

¿Cómo lo sabía yo? Porque varios años antes, me había ocurrido lo mismo en iguales circunstancias. Sólo que en aquella ocasión fui yo quien pisaba terreno falso. Estaba en competencia con un amigo mío. Si me hubiese concretado a presentar las cosas como eran realmente, lo probable es que me hubiera llevado el negocio, o la mitad por lo menos, porque el presidente de la sociedad a la cual trataba yo de asegurar, estaba dispuesto a darme el asunto. En esa época habría significado mucho para mí. La tentación fue demasiado grande y exageré las posibilidades de lo que estaba vendiendo. Realmente hubo falsedad. Pues bien, alguien receló e hizo averiguaciones en mi compañía. Perdí el negocio; perdí la confianza y el respeto de un buen amigo; perdí el respeto de mi competidor; y, lo peor de todo, perdí el respeto por mí mismo.

Fue una amarga experiencia. Me sentí tan molesto que no pude dormir en toda la noche, pensando en lo ocurrido. Tardé muchos años en recuperarme de esa humillación. Pero *me alegro* de haber perdido, porque eso me enseñó que la filosofía de Karl Collings: "Sí, pero lo sé *yo*", era la mejor de todas, en fin de cuentas. Me hice a la idea de no volver nunca a desear cosas a las que no tuviera derecho; ¡es demasiado costoso!

18. DESCUBRÍ QUE ESTE ES UN MEDIO INFALIBLE PARA ATRAERSE LA CONFIANZA DE UN HOMBRE

SE ME HABÍA DICHO que probablemente lo más importante para un abogado criminalista al defender un caso ante los tribunales, consistía en llevar sus propios testigos. Naturalmente, el juez y el jurado creen que el abogado está influenciado, por cuya razón no conceden el debido crédito a sus manifestaciones. Pero un buen testimonio de un testigo digno de crédito ejerce una poderosa influencia en el tribunal al restablecer la confianza en el abogado que lleva el caso.

Veamos cómo también los testigos pueden ayudar a vender.

Durante muchos años a la entrega de cada póliza vendida, y la firma del comprador estampada en el impreso de "aceptación" de nuestra compañía, tuve la costumbre de mandar sacar copias fotostáticas que iba pegando en las hojas de un álbum. Observé que eso ejercía una gran influencia entre los extraños y me ganaba su confianza. Cuando nos íbamos acercando al "cierre" de la venta, solía yo decir algo así "Señor Allen, naturalmente yo estoy influenciado. Todo cuanto diga acerca de este plan tiene que ser favorable; de manera que deseo que hable usted con alguien que no tenga interés en venderle nada. ¿Puedo utilizar su teléfono un minuto?" Entonces, llamaba a uno de mis "testigos", con preferencia alguien, cuyo nombre fuese conocido del prospecto. Con frecuencia se trataba de un vecino o amigo suyo. A veces he llegado a comunicarme con personas de otra ciudad. He comprobado que son más efectivas las conferencias de "larga distancia". (Recuérdese bien que hago las llamadas desde el mismo teléfono de mi prospecto. Pero inmediatamente de terminada la conferencia pregunto a la telefonista el costo de la misma, *y lo pago siempre acto seguido.*)

Cuando lo hice por vez primera, temí que el prospecto se negara, pero nunca me ha ocurrido eso. La verdad es que parece agradarles platicar con mi "testigo". Hay ocasiones en que se trata de un viejo amigo, y la conversación deriva hacia temas muy ajenos al propósito original de la conferencia.

Fui a caer en esta idea, de forma completamente accidental, pero he podido advertir que se trata de algo francamente bueno. Nunca he tenido mucho éxito en cuanto a vencer objeciones mediante réplicas hábiles. Me parecen muy bien cuando las leo en los libros, pero al tratar de utilizarlas, me parece que sólo conducen a una discusión. Me he dado cuenta de que es cien veces más efectivo lograr el testimonio directo de uno de mis "testigos" y, además, los tengo al alcance del teléfono.

¿Qué opinan de esto mis testigos? Pues siempre les satisface dar consejos. Cuando voy a visitarlos para darles las gracias, me encuentro conque mi comportamiento logra un doble efecto, pues en sus esfuerzos para ayudarme a vender a mi nuevo prospecto, se entusiasman más con el seguro que anteriormente les había vendido.

Hace años, un íntimo amigo mío deseaba adquirir un calentador de agua para su casa. Recibió cartas y catálogos de diversas compañías. En una de tales cartas decía algo parecido a esto: "Adjuntamos una lista de sus vecinos que utilizan en su hogar uno de nuestros quemadores. ¿Por qué no toma el teléfono y llama al señor Jones, su vecino, para preguntarle si le agrada y está satisfecho con el quemador?"

Mi amigo hizo lo que le indicaban y habló con algunos de sus vecinos reseñados en la lista. Y compró ese calentador. Aun cuando esto sucedió hace dieciocho años, mi amigo decía recientemente: "Siempre he recordado las palabras de aquella carta."

Varias semanas después de haber explicado un curso de ventas en Tulsa, Oklahoma, un vendedor me escribió para explicarme cómo había utilizado esta idea, con efectos sensacionales. Veamos el desarrollo de la entrevista:

—Señor Harris, existe en Oklahoma una tienda del mismo tamaño aproximadamente que la de usted, la cual consiguió más de cuarenta clientes nuevos el mes pasado por haber comenzado a vender un determinado artículo que se anuncia en toda la nación. Si le fuera posible hablar con el propietario de ese establecimiento ¿no le agradaría hablar con él a este respecto?

—¡Sí!

—¿Me permite su teléfono un minuto?

—Claro, con mucho gusto.

"Inmediatamente me puse en comunicación con el dueño de la tienda mencionada y dejé que hablaran los dos comerciantes", me escribía el vendedor. "Había observado que ésta no solamente era una de las mejores formas de introducirse", continuaba, "sino una de las mejores ideas para vender, que he encontrado en mi vida".

Permítaseme referir una experiencia más de la cual me habló Dale Carnegie. Dejaré que sea el propio Carnegie quien la explique:

"Quise saber dónde podría estar en el Canadá que tuviese buena comida, buenas camas, buena pesca y caza. Por esta razón escribí al Departamento de Turismo de Nueva Brunswick. Poco después, recibí respuestas de treinta o cuarenta alojamientos, acompañadas de literatura de todas clases, folletos, etc., con lo cual quedé más confundido que antes. Pero un hombre me mandó una carta en la que decía: "¿Por qué no se comunica con estas personas de Nueva York, que recientemente estuvieron aquí y les pide detalles a ellas?"

"Reconocí el nombre de una de las personas de la lista,

y llamé por teléfono. Se deshizo en elogios respecto a las maravillas de aquel lugar... Se trataba de un hombre al que yo conocía, y en quien podía confiar, y el cual me dijo todo lo que yo deseaba saber. *Un testimonio directo.* Conseguí también informes confidenciales. Ninguno de los demás me había proporcionado *testigos.* Claro que también los otros alojamientos los tendrían, pero no se molestaron en apelar al único testimonio que habría conquistado mi confianza más rápidamente que ninguna otra cosa."

Por eso un medio infalible para atraerse enseguida la confianza de los demás, consiste en:

LLEVAR SUS PROPIOS TESTIGOS

19. CÓMO TENER EL MEJOR ASPECTO POSIBLE

HE AQUÍ UNA IDEA que me fue dada hace treinta años y que he venido utilizando desde entonces. Uno de los hombres más destacados de nuestra organización, me dijo un día:

—¿Quieres saber una cosa? Siempre que te miro tengo que echarme a reír. ¡La mayor parte del tiempo andas vestido como un payaso! —Bueno, fue bastante duro para mí el oír tales palabras, pero comprendí que aquel "dandy" era sincero y por eso le escuché.

A continuación, fue dándome explicaciones acerca del mismo asunto.

—Te dejas crecer el pelo de tal manera, que pareces un futbolista de los tiempos arcaicos. ¿Por qué no te lo haces cortar igual que los hombres de negocios? Ve a que te lo recorten todas las semanas, así tendrás siempre el mismo aspecto. Tampoco sabes hacerte el nudo de la corbata. Ve a tomar lecciones con un buen camisero. ¡Tus combinaciones de color son una verdadera desdicha! ¿Por qué no te pones en manos de un técnico? Él te enseñará a vestir como es debido.

—Es que no puedo hacerlo, —protesté.

—¿Cómo que no puedes hacerlo? —me redarguyó—. Eso no te costará un centavo. En definitiva, te ahorrarías dinero. Escúchame bien. Escoge un buen camisero. Si no conoces a ninguno, vete a ver a Joe Scott de la casa "Scott and Hunsicker". Dile que vas de mi parte. Explícale francamente que no puedes gastar mucho dinero en ropa, pero que deseas ir bien vestido. Dile que si te aconseja y enseña todo el dinero que hayas de gastar en vestir, lo gastarás precisamente en su tienda. Eso le agradará. Se tomará un interés personal en ti; te aconsejará lo que debes llevar. Te ahorrará tiempo y dinero. Y dispondrás de más dólares, porque la gente tendrá más confianza en ti.

Nunca se me había ocurrido semejante idea. Era el mejor consejo que había escuchado en cuanto a la manera de vestirse. Siempre me he alegrado de haberle hecho caso.

Me coloqué en manos de un buen peluquero llamado Ruby Day. Le dije que iría con él todas las semanas; que deseaba que me cortase el pelo como los hombres de negocios acostumbran a llevarlo, y que me lo recortara de forma que siempre estuviese igual. Esto me costó más dinero del que había gastado antes en la barbería, pero ahorré dinero en la gestión siguiente.

Fui a ver enseguida a Joe Scott y con gusto aceptó el trato. Me dio lecciones en cuanto al nudo de la corbata; permaneció a mi lado mientras aprendía, hasta que supe hacerlo tan bien como él. Luego me compré una colección de trajes y se tomó un vivo interés en ayudarme a seleccionar las camisas, corbatas, y calcetines que hicieran juego con la ropa. Me dijo la clase de sombrero que debía usar, me ayudó a escoger el abrigo adecuado. De vez en cuando me daba pequeñas charlas sobre el buen vestir. Me entregó un folleto, cuya lectura me sirvió también de mucha ayuda. Otro de sus consejos me valió para economizar bastante dinero en el curso de los años. Yo tenía la costumbre de llevar puesto el mismo traje hasta que daba la impresión de haber dormido encima de él. Entonces lo mandaba limpiar y planchar. "El planchado frecuente", me dijo Joe Scott, "quita vida a la ropa, y el traje se desgasta mucho antes. Nadie debiera llevar dos días seguidos el mismo traje. Si solamente se tienen dos, deben alternarse y ponerse uno cada día. Luego de haberse utilizado, tanto el abrigo como la chaqueta deben colgarse en forma apropiada, e igual cosa hay que hacer con los pantalones, pero éstos deben colgarse derechos y no doblados en la cruceta del colgador. Haciéndolo así, las arrugas desaparecerán y los trajes raramente necesitarán ser planchados, hasta que ya no tengan más remedio que ser enviados a limpiar."

Posteriormente, cuando ya pude hacerlo, Joe me demostró que representa una gran economía la adquisición de varios trajes. De esta manera podía dejarlos descansar varios días, después de habérmelos puesto.

Mi amigo George Geuting, un gran zapatero, me dio exactamente los mismos consejos en cuanto respecta a los zapatos.

—Si se alternan diariamente, —dijo George—, los zapatos están mejor, prolongan su vida y su forma. Claro, duran mucho más.

Alguien dijo: "Las ropas no hacen al hombre, pero contribuyen en su favor al menos en un noventa por ciento." El hombre debe vestir el papel que representa, de manera que la gente esté dispuesta a creer que todo cuanto dice es verdaderamente importante. Y acerca de esto no puede caber duda de ninguna clase. Uno mismo, cuando sabe que va bien vestido, mejora en sus propias condiciones mentales, y adquiere mayor confianza en sí mismo.

Por todo lo que acabo de exponer, he aquí, amigos míos, la idea más práctica que me haya sido dada en toda la vida por lo que respecta a mejorar el aspecto general de la persona. "Ponte en manos de un especialista."

TÉNGASE EL MEJOR ASPECTO POSIBLE

RESUMEN

TERCERA PARTE

RECORDATORIOS DE BOLSILLO

1: Merézcase confianza. La verdadera prueba consiste en: ¿Usted lo cree, *no*, lo creerá la otra persona?

2. Para tener confianza en uno mismo, y atraerse y conservar la confianza ajena, una regla esencial consiste en:
   Conocer el negocio propio... ¡y seguir conociéndolo!

3. Uno de los medios más rápidos para atraerse y conservar la confianza de los demás, está en aplicar la regla de uno de los más grandes diplomáticos del mundo, Benjamín Franklin: "No hablaré mal de nadie, y diré todo lo bueno que sepa de todo el mundo."
   ¡Ensalce a sus competidores!

4. Cultívese la costumbre de hacer subestimaciones; no exageréis jamás. Recuérdese la filosofía de Karl Collings: "Sí, pero lo *sé yo.*"

5. Un modo infalible de ganarse rápidamente la confianza de un hombre está en:
   Llevar sus propios testigos. Y están al alcance de la mano, en el teléfono.

6. Téngase el mejor aspecto posible. "Pónganse en manos de un especialista."

CUARTA PARTE

CÓMO CONSEGUIR QUE LA GENTE QUIERA ENTRAR EN NEGOCIOS CON UNO

20. UNA IDEA APRENDIDA DE LINCOLN, ME SIRVIÓ PARA HACER AMISTADES

UN DÍA, en el momento en que me disponía a dejar el bufete de un joven abogado, hice una observación que le obligó a levantar la cara y·mirarme sorprendido. Era la primera vez que le visitaba, y no había logrado provocar en él interés alguno por lo que trataba de venderle. Pero lo que dije cuando me disponía a dejarle, le interesó muchísimo.

Mis palabras fueron estas sencillamente:

—Señor Barnes, creo que le espera un gran futuro. Jamás le molestaré, pero si me lo permite vendré de vez en cuando a visitarle.

—¿Qué quiere decir con eso de que me espera un gran futuro? —inquirió el joven abogado. Por su modo de expresarse se advertía que había creído que yo iba a dirigirle alabanza tonta.

—Le oí hablar hace un par de semanas en la "Seigel Home-Town Association", y creo que ese discurso suyo es uno de los mejores que haya escuchado en mi vida. No fue sólo mi opinión. Me habría gustado que hubiera usted oído lo que dijeron nuestros socios cuando se fue.

¿Se sentía complacido? ¡Más bien fascinado! Le pregunté cómo había comenzado a hablar en público. Pasó un rato explicándomelo, y cuando me iba, dijo:

—No deje de venir a verme, señor Bettger.

Con el transcurso de los años, ese hombre adquirió una gran práctica legal. La verdad es que llegó a ser uno de los abogados más destacados de nuestra ciudad. Seguí en relaciones estrechas con él y cuando adquirió fama y prosperidad, hice bastantes negocios con él. Llegamos a ser buenos amigos, y se convirtió en uno de mis mejores centros de influencia.

Finalmente alcanzó el puesto de consejero jurídico en diversas compañías tales como la "Pennsylvania Sugar Refining Company"; la "Midavel" (aceros); y "Horn & Hardt Company" (panaderías). Fue elegido para integrar el Consejo de Dirección de algunas de esas compañías. Posteriormente se retiró de la vida activa y aceptó uno de los más altos honores que a un hombre pueda otorgarle su Estado; fue Magistrado del Tribunal Supremo del Estado de Pennsylvania. Se llamaba H. Edgar Barnes.

Nunca dejé de decir a Edgar Barnes lo mucho que creía en él. Frecuentemente me refería a sus progresos. Compartí sus alegrías en más de una ocasión, y solía decirle: "Siempre supe que usted sería uno de los abogados principales de Filadelfia." El Magistrado Barnes nunca llegó a decírmelo directamente, pero algunas observaciones hechas por amigos comunes a ambos me dieron la impresión de que los ánimos que le di en aquella ocasión, tuvieron un poquito que ver con sus notables triunfos.

¿Les agrada a ustedes demostrar que creen en los demás y que esperan de ellos grandes cosas? Si su interés es sincero, no conozco nada que la gente aprecie más. Hemos oído hablar mucho acerca del hambre de algunos pueblos de Europa y de China, pero aquí mismo en América también hay mucha gente hambrienta. Miles de personas en su ciudad y en la mía tienen hambre... ¡hambre de alabanzas y estimación honradas!

Abraham Lincoln escribió hace muchísimos años algo acerca del modo de conquistar amigos. Es cosa vieja ya, pero me ha servido de mucho, así que voy a repetirlo aquí:

Si quiere atraerse a un hombre a su causa, primero convénzale de que es su amigo sincero. Ello es como una gota de miel que cae en su corazón, el cual es el camino directo que va a su razón, y ésta, cuando se ha ganado una vez, será sumamente sencillo llevarle al convencimiento de la justicia que asiste a la causa de uno, si, por supuesto, esa causa es justa.

Hace años ya, me recomendaron a un joven empleado que trabajaba en la "Girard Trust Company", instalada en las Calles Broad y Chestnut de Filadelfia. Él tenía entonces veintiún años de edad. Conseguí hacerle una pequeña venta. Un día, cuando ya le conocí mejor, le dije:

—Clint, algún día será usted presidente de la "Girard Trust Company", o, acaso, uno de sus gerentes principales. Se me echó a reír, pero yo insistí: No, hablo en serio. ¿Por qué no habría de serlo? ¿Qué puede impedirlo? Posee usted todas las condiciones naturales para ello. Es joven, ambicioso, de excelente aspecto. Tiene una gran personalidad. Recuerde que todos los directivos de este banco fueron antes simples empleados. Algún día, se morirán o se retirarán. Alguien tiene que ocupar su puesto. ¿Por qué no puede ser usted? ¡Lo será, si quiere serlo!

Le insté para que siguiera un curso adelantado sobre asuntos bancarios, y otro más para hablar en público. Acudió a los dos cursos. Posteriormente, en cierta ocasión los empleados fueron convocados a una reunión y uno de los directores les expuso un problema al que el banco se estaba enfrentando. Dijo que los jefes deseaban que los empleados hicieran las sugerencias que estimasen oportunas.

Mi joven amigo, Clinton Stiefel, se levantó en dicha reunión y dio sus ideas en cuanto a la solución del problema. Se expresó con tanta confianza y entusiasmo, que sorprendió a todo el mundo. Los amigos le formaron corro al terminarse la reunión y le felicitaron, añadiendo que les había fascinado que supiese hablar tan bien.

Al día siguiente, el director que convocara la reunión llamó a Clint a su despacho, le felicitó a su vez, y dijo que el banco se disponía a llevar a la práctica una de sus sugerencias. No había transcurrido mucho tiempo cuando ya Clint Stiefel era jefe de un departamento. ¿Dónde está actualmente? Pues Clinton S. Stiefel es vicepresidente del "Provident Trust Company", una de las instituciones bancarias más antiguas y mejores de Pennsylvania.

El señor Stiefel se sale de su costumbre y me recomienda a otras personas, y cuando, en alguna ocasión, tiene que adquirir algún seguro personal, no tengo que preocuparme por la competencia.

Hace muchísimos años fui a visitar a dos amigos míos, jóvenes negociantes que prometían tener un gran porvenir, pero se hallaban deprimidos, al parecer. Por esto les di una pequeña charla que sirviera para animarlos. Les hablé de los buenos conceptos que solía oír acerca de ellos entre los comerciantes, en las grandes empresas, en los negocios de antiguo establecidos, hasta ¡en sus competidores! Les recordé sus principios modestos en una sola habitación cinco años antes. Les formulé esta pregunta: "¿Habíais pensado siquiera llegar a tener este negocio de ahora?" Ambos se echaron a reír y me hablaron de las dificultades pasadas. Algunas me eran totalmente desconocidas. Les manifesté que no sabía de nadie en su mismo ramo que tuviera un porvenir tan brillante como el suyo. Al parecer reavivó su espíritu saberse ahora considerados por sus competidores como una de las empresas principales en la industria. Probablemente ya estaban enterados de esto, pero evidentemente nadie se lo había dicho desde hacía mucho tiempo y al oírlo ahora les infundió nuevos ánimos.

Al marcharme, el más joven de los dos socios fue conmigo hasta el ascensor, con su brazo echado por mi hombro. Cuando entré en el ascensor, se echó a reír y exclamó:

—Venga por aquí todos los lunes por la mañana, Frank, y díganos unas palabras de ánimo, ¿quiere?

Fueron muchas las veces que regresé en el transcurso del tiempo y les dediqué pequeñas charlas, incluyendo algunas relacionadas con mi negocio. Aquellos hombres siguieron creciendo y prosperando en su asunto, y también crecieron las ventas que les hice.

Mi inspiración viene por la lectura de la vida de algunos grandes hombres de la historia, pero mi inspiración mayor, y algunas de mis mejores ideas, proceden de los hombres con quienes he hecho negocios, y con los amigos que me he buscado. Al aprovecharme de sus ideas, hice cuestión de honor comunicárselo. He comprobado que a la gente le gusta saber que han servido para ayudarle a uno. Permítanme que les ponga un ejemplo:

Hablaba yo un día con Morgan H. Thomas, a la sazón gerente de ventas de la "Garrett-Buchanan Paper Company" domiciliada en el 116 de la Calle Sexta Sur de Filadelfia. Entre otras cosas, le dije:

—Morgan, me ha servido usted de gran inspiración. Me ha ayudado a ganar más dinero y a disfrutar de una salud mejor.

¿Me creyó?

—¿Está tratando de bromear a mi costa? —exclamó.

—No, —repliqué—, lo que he dicho es la pura verdad. Hace algunos años, su presidente, el señor Sinex, me contó que usted empezó a trabajar aquí siendo todavía un chiquillo y que tenía que entrar a las siete de la mañana y barrer todas las oficinas antes de que llegaran los demás empleados. "Ahora", añadió, "Morgan es el gerente de ventas, pero sigue llegando a las siete de la mañana. ¡Continúa siendo el primero en entrar todas las mañanas!"

"Pues bien, yo pensé que para entrar a las siete, Morgan Thomas no podía levantarse más allá de las seis. Y si él podía hacer eso y tener tan buen aspecto como tenía, ¿por qué no iba a intentarlo también yo? Esto fue lo que hice. Pasé a formar parte del "Club de los Madrugadores" del que ya Morgan era socio, y me sentí mejor que nunca en mi vida. Además me sirvió para ganar bastante dinero. Ya ve cómo sí que me ha ayudado mucho. —Sé que el señor Thomas sintióse satisfecho al oírme decir estas cosas y saber que me había ayudado.

En la actualidad, Morgan Thomas, es presidente de la "Garret-Buchanan Paper Company", la segunda empresa distribuidora de papel en los Estados Unidos. Morgan es uno de mis mejores clientes y, por su mediación, he vendido seguros a la mayoría de los altos empleados de tan importante negociación.

He aquí una pregunta que he utilizado incontables veces: "¿Cómo fue que se dedicó usted a este negocio, señor Roth?"

El interpelado suele contestar: "Bueno, esa es una historia muy larga." Cuando un hombre abre la boca y comienza a hablar de su negocio, me siento siempre fascinado por saber cómo empezó; sus muchas dificultades al principio; cómo pudo vencerlas. Esto es encantador para mí. Y mucho más para él. Suele ser raro que encuentre a una persona lo bastante interesada en escuchar sus aventuras comerciales o industriales. Le encanta relatar su historia cuando alguien le anima a hacerlo. Si advierte que uno está verdaderamente interesado en ella, y parece beneficiarse con sus experiencias, hasta llega a entrar en pequeños detalles.

Al dejarle tomo pequeñas notas de estas cosas: dónde nació, el nombre de su esposa, los de sus hijos, sus ambiciones, sus pasatiempos. Tengo todos estos datos en tarjetas que conservo en mi archivo desde hace veinticinco años.

Algunos individuos se quedan atónitos a veces al ver lo mucho que recuerdo de ellos. El interesarme realmente por la gente me ha servido de mucha ayuda para conseguir buenos amigos.

Parece que hubiese algo mágico en esta sencilla pregunta: "¿Cómo fue que se dedicó usted a este negocio?" Frecuentemente me ha servido para conseguir entrevistas favorables con prospectos muy atareados para dedicarme unos minutos. Citaré una experiencia típica. Se trata de una entrevista con un atareadísimo fabricante de envases de madera que, al parecer, sólo tenía un pensamiento en su mente respecto a los vendedores: Quitárselos de encima.

YO: ¡Buenos días, señor Roth! Me llamo Bettger y pertenezco a la "Fidelity Mutual Life Insurance Company". ¿Conoce al señor Walker, a Jim Walker? (*Entregándole una tarjeta de presentación con una nota manuscrita por el mencionado Jim Walker.*)

ROTH: (*Mirándola con gesto avinagrado... unas cuantas ojeadas a la tarjeta... la arroja sobre el escritorio y dice en tono furioso):* ¿Es usted vendedor?

YO: Sí, pero...

ROTH: (*Sin dejarme decir ninguna palabra más.*) Es usted el décimo vendedor que ha venido hoy por aquí. Tenía muchísimas cosas importantes que hacer. No puedo pasarme todo el día escuchando a los vendedores. ¡No me moleste, por favor! ¡No tengo tiempo!

YO: Solamente he venido un instante, para presentarme a usted, señor Roth. El propósito de mi visita es hacer una cita con usted para mañana u otro cualquier día de la semana. ¿Cuál es el mejor momento para hablar con usted unos veinte minutos, a primera hora de la mañana o de la tarde?

ROTH: ¡Ya le he dicho que no tengo tiempo para perderlo con los vendedores!

YO: (*Dejando transcurrir un minuto, mientras me interesaba en examinar uno de sus productos colocado sobre el suelo.*) ¿Esto lo hace usted, señor Roth?

ROTH: Sí.

YO: (*Otro minuto más mirando aquello*). ¿Cuánto tiempo lleva dedicado a este negocio, señor Roth?

ROTH: Bueno, pues... veintidós años.

YO: ¿Cómo fue que se dedicó a este negocio?

ROTH: *(Arrellanándose en su asiento y comenzando a animarse.)* Verá, es una historia larga. Empecé a trabajar para la "John Doe Company" cuando sólo tenía diecisiete años, me quebré la cabeza trabajando para ellos durante diez años, pero viendo que no iba a llegar a parte alguna, decidí trabajar por mi cuenta.

YO: ¿Nació usted aquí en Cheltenham, señor Roth?

ROTH: *(Animándose más todavía.)* No, nací en Suiza.

YO: *(Gratamente sorprendido.)* ¿Ah, sí? Pues tiene que haber venido siendo muy joven.

ROTH: *(Sonriendo... muy afectuoso.)* Verá, salí de mi casa cuando tenía catorce años. Viví algún tiempo en Alemania. Luego, decidí que sería mejor venir a Norteamérica.

YO: Seguramente necesitó mucho capital para poner en marcha una fábrica tan grande como ésta.

ROTH: *(Sonriente.)* Bueno, principié esto con 300 dólares, pero he trabajado hasta conseguir 300,000...

YO: Tiene que ser muy interesante ver cómo se fabrican estos envases.

ROTH: *(Levantándose, se aproxima hasta donde yo me encuentro.)* Sí, nos sentimos orgullosos de nuestros envases. Creemos que son los mejores del mercado. ¿Le agradaría ir a la fábrica para verlos hacer?

YO: ¡Me encantaría!

(Roth, me pone una mano en el hombro y me conduce hasta el interior de su fábrica.)

Este hombre se llama Ernest Roth y es el principal propietario de la "Ernest Roth & Sons" de Cheltenham, Pennsylvania. No le vendí nada en esa primera visita. Pero en un período de dieciséis años, le he hecho diecinueve ventas a él y sus siete hijos, con lo cual he quedado bien recompensado, y además, tenemos ahora una buena amistad.

RECORDATORIOS DE BOLSILLO

1. "Si quiere atraerse a un hombre a su causa, primero convénzale de que es su amigo sincero..." —Lincoln.

2. Anímese a la gente joven. Ayúdese a un hombre a ver cómo puede triunfar en la vida.

3. Trátese de conseguir que un hombre le explique a uno cuál es su mayor ambición en la vida. Ayúdesele a elevar sus puntos de vista.

4. Si alguien nos ha inspirado, o ayudado en alguna forma, no hay que hacer de ello un secreto. Hay que decírselo.

5. Pregúntese a un hombre: "¿Cómo empezó usted este negocio?", acto seguido es necesario convertirse en *un buen oyente*.

21. CUANDO HICE ESTO, EN TODAS PARTES ME RECIBÍAN MEJOR

D E JOVEN TUVE sobre mí tales impedimentos que habría ido derecho al fracaso si no hubiese encontrado un medio de salir rápidamente de ellos. Desde niño pasé las dificultades más amargas que ustedes puedan imaginar y aun quedan en mí ciertos residuos para dar fe de ellas.

Mi padre murió siendo yo un chiquillo, dejando a mi madre con cinco hijos pequeños y sin seguro de vida. La pobre tuvo que dedicarse a lavar y coser para alimentarnos, vestirnos y podernos enviar a la escuela. Esto sucedía allá por los "Alegres Finales de Siglo", aunque para nosotros nada tenían de todo eso. Nuestra modesta vivienda se hallaba siempre helada; nunca tuvimos calor en habitación alguna, salvo en la cocina y ni siquiera una alfombrilla en el suelo. Las epidemias infantiles hacían estragos por aquellos días —viruela, escarlatina, fiebre tifoidea, difteria— e invariablemente estábamos enfermos uno o más de nosotros. Acosada constantemente por las enfermedades, el hambre, la pobreza, y la muerte, mi madre perdió tres de sus cinco hijos durante tales epidemias. Ya ven pues, que no teníamos grandes razones para sonreír siquiera. La verdad es que aun miedo teníamos de hacerlo.

Casi enseguida de dedicarme a vender, descubrí que mi expresión triste y amarga sólo podría conducirme a la decepción y al fracaso.

Enseguida comprendí que tenía que vencer ese grave obstáculo. Sabía que no me iba a ser fácil cambiar la triste expresión dejada en mi rostro por tantos años de penalidades. Representaba un cambio completo en mi aspecto. Vean el método que seguí para conseguirlo. Comenzó a dar resultados *inmediatos* en mi casa, entre mis amistades, y en los negocios.

Todas las mañanas, mientras me daba un baño de quince minutos y un enérgico masaje, determiné ejercitar una sonrisa amplia, feliz, que durase, al menor, esos quince minutos. Pronto descubrí, sin embargo, que no podía ser una sonrisa falta de sinceridad, comercializada, desarrollada sólo para meterme dólares en el bolsillo. Tenía que ser una sonrisa honrada, franca, que saliera de muy adentro, que diese a mi cara aspecto de felicidad interior.

No, no fue sencillo al principio. Una y otra vez sucedió que durante ese cuarto de hora de esfuerzo se me venían a la cabeza pensamientos de duda, temor, y preocupación. ¿Resultado? ¡Otra vez el antiguo rostro entristecido! La sonrisa y la pena no pueden mezclarse, de manera que tenía que volver a forzar aquélla. Había que dar paso a ideas optimistas, alegres.

Aunque no lo supe hasta más tarde, esta experiencia mía vino a ser la substanciación de la teoría del gran filósofo y maestro, el profesor William James, de Harvard "La acción *parece* seguir al sentimiento, pero realmente acción y sentimiento marchan juntos; irregulando la acción, que está bajo el más directo control de la voluntad, podemos indirectamente regular el sentimiento, que no lo está."

Veamos cómo forzando los músculos de la sonrisa durante quince minutos recibía una gran ayuda en el transcurso del día. Antes de entrar en despacho alguno, hacía una pausa momentánea y pensaba en las muchas cosas por las cuales debía estar agradecido, esbozando una sonrisa amplia y franca. Inmediatamente penetraba en la habitación cuando esa sonrisa empezaba a desvanecerse, pero era sencillo transformarla en otra que revelase felicidad, satisfacción. Raramente dejaba de recibir una semejante, en reciprocidad, de la persona que ocupaba el despacho. Cuando la señorita secretaria pasaba a ver al jefe para anunciarme, yo me sentía seguro de que llevaba reflejada en su cara cierta parte de las sonrisas que habíamos cambiado en la antesala, pues siempre regresaba llevándola todavía.

Supongamos por un momento que yo hubiese entrado con aspecto de tristeza, o con una de esas sonrisas forzadas y desagradables —ya saben lo que quiero decir— ¿no creen que la expresión de la secretaria habría equivalido a decir a su jefe que no me recibiese? Luego, al entrar en el despacho del director, era natural que yo le dirigiera una sonrisa feliz mientras exclamaba: "¡Buenos días, señor Livingston!"

He comprobado que a la gente le agrada que cuando uno pasa en la calle junto a ella, le dedique una sonrisa alegre, afectuosa, y se limite a decir "¡Señor Thomas!" Esto significa para todo el mundo mucho más que el acostumbrado, "Buenos días... ¿Cómo está usted?... hola." Si conoce bastante bien a la persona con quien se encuentra, procure llamarla por su nombre, "¡Bill!", al tiempo que le dirige una sonrisa amplia, simpática.

¿Han observado ustedes que la satisfacción acompaña al individuo que camina por todas partes luciendo una sonrisa entusiasta, sincera, y nunca al que va por ahí con cara insatisfecha, triste, desagradable?

Las compañías telefónicas han efectuado diversas pruebas, llegando a la conclusión de que la *voz que sonríe*, gana invariablemente. Tomen su teléfono en este ...smo instante, comience su conversación sonriendo y, *fíjese en la diferencia, siéntala.* Sería una buena idea que alguien inventara un espejo que fuese unido al auricular, para que pudiéramos *ver* esa diferencia.

He pedido a miles de hombres y mujeres en mis conferencias por todo el país, que sonrieran, *sólo durante treinta días,* mostrando su mejor sonrisa a cuanta criatura viviente encontrasen. Aceptaron mi demanda más del setenta y cinco por ciento de las personas asistentes. ¿Qué cuál ha sido el resultado? Mencionaré lo que me dijo por carta, un señor de Knox-

ville, Tennessee. No se diferencia en nada de las muchas recibidas a este respecto:

Mi esposa y yo habíamos decidido separarnos.
Como era natural, yo creía que la culpa era ínte-
gramente suya. Pocos días después de haber empezado a poner en práctica esta idea, la felicidad
quedó restaurada en mi hogar. Enseguida comprendí que había estado perdiendo en los negocios por
causa de mi actitud triste, taciturna. Al final del día
empecé a sacar de paseo a mi esposa e hijos. La
culpa había sido mía, no de mi esposa en absoluto.
Soy ahora un hombre distinto al que era hace un
año. Me siento más feliz porque he conseguido hacer felices también a los demás. Además, mis negocios han mejorado sensiblemente.

¡Este hombre estaba tan excitado por los resultados conseguidos con su sonrisa, que siguió escribiéndome años enteros
acerca de los resultados obtenidos!

A propósito de esta misma cuestión, Dorothy Dix decía:
"No hay ningún arma en todos los recursos femeninos a la cual
sean los hombres tan vulnerables, como lo son frente a una
sonrisa ... Es mil veces lastimoso que las mujeres no se preocupen de la alegría considerándola como una virtud o un de-
ber, porque no existe otra cualidad que contribuya más a la
felicidad matrimonial ni que retenga tanto a un marido. No
existe ningún hombre que no apresure el paso para llegar de
noche a su hogar, si sabe que allí le aguarda una mujer, cuya
sonrisa es un sol."

Ya sé que acaso les parezca increíble que la felicidad pueda cultivarse mediante la sonrisa, pero hagan la prueba aunque solamente sea por treinta días. Dediquen a todo ser viviente que encuentren la *mejor* sonrisa de su vida, incluso a
su esposa e hijos, y verán cómo se encuentran mucho mejor

en todos los aspectos. Este es uno de los mejores medios que conozco para dejar atrás las penas, y empezar a vivir. Cuando comencé a hacerlo, comprobé que se me recibía mucho mejor allí donde iba.

22. CÓMO APRENDÍ A RECORDAR NOMBRES Y CARAS

UN AÑO ESTUVE explicando un curso de ventas en la casa central de la "Y.M.C.A.", situada en el 1421 de la Calle Arch, de Filadelfia. Durante el curso, teníamos un especialista que daba clases para aprender a memorizar. Esto lo hacía tres noches por semana. Ese entrenamiento me hizo comprobar cuán importante resulta recordar el nombre de una persona.

Desde entonces no he dejado de leer libros y de asistir a diversas conferencias sobre esa materia. En los negocios y en mis relaciones sociales, he tratado de aplicar algunas de las ideas aprendidas. He advertido mucha menos dificultad para recordar nombres y caras, al tener presentes estas tres cosas que enseñan todos los especialistas

1. *Impresión.*
2. *Repetición.*
3. *Asociación.*

Si tienen alguna dificultad en recordar estas reglas, como a mí me sucedía, he aquí una idea sencilla que me hizo imposible olvidarlas. Tomemos, por ejemplo, la palabra *Ira*. I-R-A son las primeras letras de esas tres palabras. Tomémonos un poco de tiempo en analizarlas:

1. IMPRESIÓN

Los psicólogos nos dicen que la mayor parte de las dificultades de nuestra memoria no son tal cosa en absoluto; son

177

dificultades de *observación*. Creo que esta era la mía en gran
parte. Me parecía observar bastante bien la cara de una persona, pero habitualmente fallaba por completo en cuanto a su
nombre. O bien no lo escuchaba bien cuando éramos presentados o era incapaz de oírlo con claridad. ¿Saben entonces lo
que hice? Eso mismo. ¡Nada! Me comportaba como si el nombre nada significase para mí. Pero si la otra persona no pres-
taba atención al *mío*, entonces me sentía molesto. Si se tomaba
verdadero interés por mi nombre, se cercioraba cuidadosamente,
nunca dejaba de serme grato. Tanto me impresionó la importancia de esta primera regla, que comencé a pensar constituía
una descortesía imperdonable el no escuchar atentamente y
conseguir el nombre correcto.

¿Cómo se puede hacer esto? Si no se ha oído claramente
es perfectamente normal decir: "¿Quiere repetirme su nombre?" Entonces, si aun no se está seguro, puede volverse a
decir: "Lo siento, ¿no quiere deletrearlo?" ¿Se ofende la otra
persona al ver tan legítimo interés por saber su nombre? Nunca he visto caso alguno.

Por eso, la primera cosa que me ayudó a recordar nombres y caras, fue olvidarme de mí mismo, y concentrarme con
toda la fuerza posible en la *otra persona*, en su rostro, y en su
nombre. Esto me sirvió para apartarme de mí al encontrarme
con extraños.

Dicen que el ojo saca una fotografía mental de cuantas
cosas ve y observa. Esto es fácil probarlo porque si uno cie-
rra los ojos recordará la cara de un extraño con tanta nitidez
como si estuviera viendo una fotografía suya. Exactamente
igual puede hacerse con un *nombre*.

Me sorprendió ver que tenía mucha menos dificultad en
cuanto a recordar nombres y caras, cuando hacía un verdadero
esfuerzo para observar el rostro de un hombre y conseguir una
impresión clara y vívida de su nombre.

2. REPETICIÓN

¿Olvidan ustedes el nombre de un extraño diez segundos después de haber sido presentados a él? También yo, a menos que lo repita varias veces rápidamente mientras todavía está fresco en mi mente. Repitámoslo, pues, enseguida: "¿Cómo está usted, señor Musgrave?"

Luego, durante la conversación, me ayuda muchísimo emplear su nombre de alguna manera: "¿Nació usted en Des Moines, señor Musgrave?" Si fuese difícil de pronunciar tanta mayor necesidad existe de repetirlo. Esto es lo que hace la mayoría de la gente. Si no sé cómo pronunciarlo, pregunto sencillamente: "¿Estoy pronunciando correctamente su apellido?" He visto que a la gente le agrada ayudar a pronunciar fielmente su nombre y apellido. Si hay otras personas delante, también se prestan a ayudarle a uno; con esto se simplifica la comprensión y el poder recordar el o los apellidos.

Lo propio sucede si se desea tener la seguridad de que también nuestro interlocutor recuerda nuestro apellido. Yo suelo provocar la oportunidad de repetírselo, usando estratagemas como esta: "...y entonces, él me dijo, señor Bettger, precisamente hemos tenido una de nuestras mejores épocas".

Frecuentemente, después de haber dejado a una persona, escribo su apellido a la primera oportunidad que se me ofrece. El simple hecho de verlo escrito representa una gran ventaja.

El ser presentado a varias personas al mismo tiempo, significa una gran dificultad para cualquiera. He aquí una idea que me dio mi amigo Henry E. Strathmann, destacado proveedor de materiales para la construcción y negociante en carbones, de Filadelfia, la cual me ha sido muy valiosa.

Henry tenía muy poca memoria, pero cultivó una habilidad tan notable para recordar apellidos, caras, y hechos, que constituía un entretenimiento para él pronunciar largos discursos, demostrando sus métodos. Permítaseme citar algún ejemplo empleando las mismas palabras del señor Strathmann:

Al conocer un grupo de gente, procuro retener tres o cuatro nombres a un tiempo, y aguardo unos segundos para asimilarlos, antes de llegar al grupo siguiente. Trato de formar una frase cualquiera con algunos de esos apellidos, para apresurar su percepción mental. Por ejemplo: la semana pasada en un banquete, donde identifiqué a unas cincuenta personas en un grupo de hombres y mujeres, los comensales de una mesa fueron presentados por el maestro de ceremonias. Mencionó, entre otros, los siguientes nombres: "Castillo"... "Kammerer"... "Del Amo"... "Goodwin"... "Keyser". Era una verdadera mezcolanza que dificultaba el hacer con ella una frase, y cuando identifiqué más tarde a esas personas, les demostré la fuerza de asociación de esta manera: "Esto me hace pensar en la I Guerra Mundial. El *Kaiser era el Amo de un Castillo. La Cámara resultó ser una Goodwin . . .* Este es un modo muy efectivo para retener mucho tiempo los apellidos. Cuando se trata de grupos pequeños, los juegos de palabras acuden fácilmente a la mente, y con ellos se consigue la *impresión* deseada.

Recientemente también yo usé esta fórmula al ser presentado a un grupo compuesto de cuatro dentistas. Fue el anfitrión, doctor Howard K. Mathews, quien me presentó, diciendo: "Aquí tiene usted a los doctores, Dolak, Green y Manor." Inmediatamente formé la frase: *"Al doctor Mathews le faltaba dinero, pero Green tenía muchos dólares en su mano."*

Después de formar esta frasecilla tonta, me fue *sencillísimo* emplear el apellido de cada médico durante la reunión. Exactamente como me dijera Henry Strathmann, este procedimiento hacía que se me grabaran los nombres.

¿No se han visto en dificultades alguna vez por no poder presentar a la gente, debido a que algún apellido no podían recordarlo en ese momento? No conozco ninguna fórmula que pueda vencer esa falla. Sin embargo, hay varias cosas que me han servido para recordar mejor los nombres.

Primera.—*No mostrarse excesivamente ansioso.* Es una situación que puede sobrevenirle a cualquiera y así ocurre con frecuencia. He observado que la mejor salida consiste en echarse a reír y admitir hallarse aterrado. Groucho Marx se salió hace poco riendo y exclamando: "¡Jamás olvido una cara, pero en el caso de usted hice una excepción!"

Segunda.—*Cuando pase junto a algún conocido llámele por el apellido.* Diga "¡Señor Follansbee! o "Charles" en lugar de limitarse a exclamar "¡Hola!" o "¿Cómo le va?" Luego, cuando aquel se vaya, repítase interiormente varias veces su nombre completo: "Charles L. Follansbee... Charles L. Follansbee."

Puesto que a la gente le agrada escuchar que se menciona su apellido, ¿por qué no hacer de esto una costumbre, siempre que haya oportunidad, bien se trate del presidente de su compañía, de un vecino, del limpiabotas, del camarero, o del mozo del tren? No deja de sorprenderme el observar cuánto le gusta a la gente. Y he comprobado que cuanto más llamo a las personas por su nombre, mejor voy memorizando nombres y apellidos.

Tercera.—*Siempre que sea posible, familiarícense previamente con un apellido.* Los especialistas en la memoria así lo hacen. Antes de tomar la palabra en un banquete o en una reunión, se procuran una lista de los asistentes y se estudian los nombres y los negocios a que se dedican. Después, durante la cena, el especialista hace que uno de los asistentes le vaya señalando a esas personas entre los asistentes. Cuando se levanta para hablar, asombra a todos con su habilidad para identificar a la gente, designando a cada uno por su nombre completo y su negocio.

En forma menor también nosotros podemos servirnos de esta idea. He aquí lo que quiero decir. Hace años, siendo yo socio y asistente habitual del "Ben Franklin Club" y del "Optimist Club", me avergonzaba por mi inhabilidad para dirigirme por su apellido a los demás socios que ya conocía. Entonces, empecé a tomar la costumbre de revisar las listas antes de presentarme en las reuniones. No tardé mucho en confiar tanto en mi nueva habilidad para recordar enseguida los apellidos, que me dedicaba a dar vueltas por la sala, estrechando manos, en lugar de esquivar a la gente. Comencé a convertirme en amigo de estos hombres en lugar de seguir siendo un simple conocido.

El verdadero secreto de la repetición consiste en: la repetición a intervalos. Hágase una lista de la gente que se desea recordar, o bien de *aquello* que quiera tenerse presente, y repítase brevemente poco antes de irse a dormir, al momento de levantarse por las mañanas, al día siguiente, y de nuevo a la otra semana. Estoy seguro de que podrán recordarlo casi todo, solamente repitiéndolo con cierta frecuencia, y espaciadamente.

3. Asociación

Ahora bien ¿cómo puede retenerse lo que se desea recordar? La asociación es indudablemente el factor más importante.

Hay ocasiones en que a nosotros mismos nos asombra nuestra habilidad para recordar cosas sucedidas en nuestra más tierna infancia, cosas que no habían vuelto a producirse desde entonces, y que, aparentemente, se hallaban olvidadas. Por ejemplo, hace poco entré con mi automóvil en una gasolinera de Ocean City, Nueva Jersey, para que le echaran gasolina a mi automóvil. El propietario me reconoció a pesar de que habían transcurrido más de cuarenta años desde que nos conociéramos. Me sentí confuso porque no podía recordar haberle echado los ojos encima en toda mi vida.

Veamos ahora cómo puede empezar a operar la fuerza de asociación.

—Soy Charles Lawson, —dijo ávidamente aquel hombre—. Fuimos juntos a la Escuela "James G. Blaine".

Pues, francamente, su nombre no me era conocido, y hubiese tenido la certeza de que se hallaba equivocado, si no me hubiera llamado por mi nombre, y hecho referencia a la "James G. Blaine Grammar School". Él, al ver la cara que yo ponía, siguió diciendo:

—¿No recuerdas a Bill Green?... ¿No recuerdas a Harry Schmidt?

—¡Harry Schmidt! ¡Claro! —exclamé—. Harry es uno de mis mejores amigos.

—¿No te acuerdas de aquella mañana en que la "Blaine School" cerró sus puertas debido a una epidemia de viruela y un grupo de nosotros fue al Parque Fairmount a jugar a la pelota? Tú y yo jugamos en el mismo equipo. Tú jugabas de "short" y yo de "segunda base".

—¡Chuck Lawson! —grité, bajándome del automóvil de un salto y estrechando su mano con violencia. Chuck Lawson había aplicado la fuerza de la asociación, y esto fue cosa de magia.

AYÚDESE A LOS DEMÁS A RECORDAR EL NOMBRE DE UNO

¿Tiene la gente dificultad para recordar el apellido de ustedes? Algo de esto me ocurría a mí, de manera que me puse a pensar en ello e hice un juego de palabras muy curioso, de tal suerte que todo el mundo me recordaba perfectamente. Llegó a suceder que, un día telefoneé a un lugar que no había visitado meses atrás, pero gracias a mi juego de palabras, la telefonista me recordó inmediatamente.

Creo que la mayor parte de la gente desea recordar nuestro nombre, pero es que realmente no pueden hacerlo. Si se le sugiere un modo fácil de memorizarlo, pone cara de satisfacción.

Cuando encontremos personas que no hayamos visto durante mucho tiempo, creo que lo mejor es mencionar inmediatamente nuestro nombre. Por ejemplo: ¿Cómo está usted, señor Jones? Me llamo Tom Brown. Solíamos vernos con frecuencia en el "Penn A.C.". Con esto se evitan todas las dificultades posibles. Y he comprobado que a la gente le agrada.

Si un apellido es extremadamente difícil de memorizar, suelo preguntar cuál es su origen. Muchos nombres extranjeros tienen una historia romántica como punto de partida. A cualquiera le será más grato hablar de su apellido que del tiempo, y es mil veces más interesante.

Hay ocasiones en que el recordar nombres y apellidos compensa generosamente el esfuerzo que pueda hacerse. Un viejo amigo mío, demasiado modesto para permitirme poner aquí su nombre, me contaba que él se aprendió los nombres de todos los gerentes de las 441 sucursales de la "Cadena X de Tiendas". Se dirigía a cada uno por su nombre de pila. Posteriormente, memorizó los de las esposas e hijos. Cuando tenían un nuevo hijo, o si se hallaban enfermos o tenían alguna dificultad, Bill iba enseguida a verlos para ver en qué podía ayudarles.

Este Bill vino de Irlanda a América cuando sólo tenía diecinueve años y le emplearon para barrer una de esas tiendas. Algunos años después llegaba a ser vicepresidente de la compañía y se retiraba rico al cumplir los cincuenta y dos años.

No es que Bill llegara a ser vicepresidente por el simple hecho de recordar los nombres, pero él cree que ello jugó un papel de importancia en sus ascensos.

Le pregunté si había asistido a algún curso para practicar la memoria. "No", me replicó, echándose a reír. "Al principio mi memoria no era tan buena, por lo cual llevaba conmigo un libro de notas. En mi conversación habitual con el gerente de una tienda, averiguaba los nombres de su familia, incluso la edad de sus hijos. Tan pronto como me metía en mi automóvil, anotaba esos nombres, y cualquier otro dato interesante. Pocos años después, raramente necesitaba recurrir a mis notas, excepto al tratarse de empleados nuevos."

En mi trabajo como vendedor, he comprobado que es importantísimo recordar no sólo los nombres de los clientes y prospectos, sino también los de las secretarias, telefonistas y cuantos más, mejor. Dirigirse a ellos por su nombre les hace sentirse importantes. ¡Y *lo son* mucho! En realidad no debe subestimarse la importancia de su amistosa cooperación.

Me sorprende el gran número de personas que me dicen les resulta imposible rememorar nombres, pero que, sin embargo, no ponen en ello la atención necesaria, creyendo que ahí termina todo. ¿Por qué no hacer de este trabajo un pequeño pasatiempo? En un espacio de tiempo comparativamente reducido, se encontrarán ustedes disfrutando de una memoria muchísimo mejor, para retener nombres y rostros, de la que esperaron poseer en su vida. Durante toda una semana llévese en el bolsillo una cartulina de tres pulgadas por cinco, con las tres reglas siguientes escritas en ella claramente. Tómese la determinación de aplicar estas reglas aun cuando solamente sea por ese tiempo, una semana:

1. *Impresión.* Obténgase una impresión clara del nombre y el rostro.
2. *Repetición.* Repítase el nombre a cortos intervalos.
3. *Asociación.* Asóciese, de ser posible con alguna cosa que incluya el negocio de la persona.

23. LA MAYOR RAZÓN POR LA CUAL PIERDEN EL NEGOCIO LOS VENDEDORES

E N LOS TIEMPOS en que Mark Twain piloteaba barcos que subían y bajaban el Mississippi, el "Rock Island Railroad" decidió construir un puente en el tramo que existe entre Rock Island, Illinois, y Davenport, Iowa. Las compañías de navegación estaban realizando un comercio grande y próspero. El trigo, la carne seca, y algunos productos más que los pioneros de esos lugares lograban preparar, eran acarreados hasta el Mississippi en carretas tiradas por bueyes o en carromatos de grandes ruedas, luego, los embarcaban para ser transportados por la· vía fluvial. Los propietarios de los barcos consideraban sus derechos de transporte por el río tan celosamente como si fueran protegidos de Dios.

Temiendo una seria competencia si el ferrocarril conseguía tender el puente, presentaron una demanda ante los tribunales para impedir tal construcción. Resultado: un pleito interminable. Los ricos propietarios de los barcos contrataron a Judge Wead, el abogado que mejor conocía en aquellos Estados todo cuanto se refería a ese río. Este caso se convirtió en uno de los más importantes en la historia del transporte norteamericano.

El día que había de fallarse el caso, la sala del tribunal estaba abarrotada de gente. Judge Wead, al hacer su resumen ante el tribunal, mantuvo expectante a la multitud durante dos horas. Incluso amenazó con la disolución de la propia Unión por causa de esta terrible controversia. Al terminar su alegato, estallaron grandes aplausos que podían oírse hasta en los patios del edificio.

Cuando el abogado del "Rock Island Railroad" se levantó a hablar, el público le tuvo lástima. ¿Habló dos horas también? ¡No! ¡Un minuto! He aquí lo que dijo, en substancia: "Ante todo, quiero felicitar a mi oponente por su maravilloso resumen. Nunca había escuchado un discurso tan bueno. Pero, señores del jurado, Judge Wead ha ocultado la parte principal. Después de todo, las demandas de quienes viajan de Este a Oeste no son menos importantes que las de aquellos que surcan el río arriba y abajo. La única cuestión que a ustedes corresponde decidir es cuál de los dos tiene más derecho: si el que navega río arriba y abajo, o el que desea cruzar el puente."

Acto seguido, se sentó.

No tardó mucho el jurado en tomar una decisión, una decisión en favor de aquel abogado pueblerino, pobremente vestido y oscuro. Se llamaba Abraham Lincoln.

Soy un admirador de Abraham Lincoln, y una de las razones que tengo para ello es porque iba derecho al punto que deseaba tocar. Además, era maestro en brevedad. Pronunció el discurso más famoso en la historia del mundo. El hombre que le precedió en la tribuna estuvo dos horas hablando. A continuación, Lincoln habló *dos minutos* exactamente. Nadie recuerda lo que dijera Edward Everett; pero el discurso de Lincoln en Gettysburg vivirá eternamente. La opinión de Everett sobre lo dicho por Lincoln, quedó plasmada en una nota que le envió al día siguiente. Era algo más que simple cortesía: *Estaría muy satisfecho si pudiera enorgullecerme de haber estado tan cerca de lo que constituía la idea central en esta ocasión, en dos horas, como lo estuvo usted en dos minutos.*

Hace años tuve el raro privilegio de conocer y ser bien recibido por James Howard Bridge, autor y conferencista, quien, de joven, había sido secretario particular de Herbert Spencer, el gran filósofo inglés. Me contó que Herbert Spencer era temperalmente impulsivo; que en la pensión londinense donde habitaba, se producía en la mesa, a la hora de comer, charlas insustanciales, y que Spencer quiso dar a entender a sus amigos que hablaban con exceso. Se mandó hacer unas orejeras semejantes a las que se emplean en algunos países cuando el frío es muy fuerte. Siempre que la charla le resultaba molesta, terminaba por sacar las tales orejeras del bolsillo de su levita, y se las ponía.

El hablar con exceso es el peor de los defectos sociales. Si ustedes lo tienen, sus mejores amigos no llegarán a decírselo, pero procurarán esquivarlos. Estoy escribiendo a este propósito, porque precisamente esta falta es una de las mayores luchas de mi vida. Dios sabe que si algún hombre hubo que hablara demasiado, ese hombre era precisamente Frank Bettger.

Uno de mis buenos amigos, me llevó aparte en cierta ocasión para decirme: "Frank, no puedo hacerte una pregunta sin que te pongas a hablar durante quince minutos para contestarme, cuando podrías hacerlo con unas cuantas palabras nada más." Pero lo que en realidad me hizo despertar violentamente fue que una vez estaba yo entrevistando al director de una compañía y, de pronto, me interrumpió, diciendo "¡Vaya al grano! No me importan todos esos detalles." No le preocupaba la aritmética. Quería la respuesta clara.

Hay momentos en que pienso las ventas que probablemente habré perdido, los amigos que habré fastidiado y el tiempo que he gastado inútilmente. Tan impresionado quedé con la necesidad de ser breve que rogué a mi esposa que levantara un dedo siempre que empezase a pasarme de la raya. Procuraba evitar los detalles lo mismo que si éstos hubiesen sido una serpiente de cascabel. Finalmente, a medida que transcurrían los meses, aprendí a hablar menos, pero sigue siendo una lucha para mí la solución de este problema. La verdad es que me parece habré de seguir luchando mientras viva. Precisamente el otro día me encontré con que llevaba hablando un cuarto de hora después de haberlo dicho ya todo, simplemente porque tenía ganas de hablar.

¿Les pasa a ustedes algo parecido? ¿Se entretienen en el exceso de detalles? ¡Deténganse cuando adviertan que están hablando demasiado!

Es posible que el vendedor no *sepa* mucho, pero sí que *hable* con exceso, Harry Erlicher, vicepresidente de la "General Electric", y uno de los mejores compradores del mundo, decía: "En una reciente reunión de jefes de compras llevamos a cabo una votación para averiguar por qué los vendedores pierden *muchos* negocios. Resulta muy significativo que los votos estuvieran en razón de tres a uno, asegurando que *los vendedores hablan demasiado*."

Les explicaré cómo reduzco a la mitad mis conversaciones telefónicas. Antes de telefonear a una persona, hago una lista con las cosas que deseo decirle. Luego, le llamo y digo: "Ya sé que está muy ocupado. Sólo quiero decirle cuatro cosas y son las siguientes . . . una . . . dos . . . tres . . . cuatro . . ."

Cuando acabo la número cuatro, ya sabe que la conversación está a punto de terminar y que me dispongo a colgar el auricular tan pronto como me haya contestado. En ese mismo instante doy por acabada mi conversación con un: "Perfectamente, muchas gracias." Y cuelgo.

No quiero decir que se haya de ser brusco. Inmediatamente nos molesta una persona de esa clase; pero también admiramos a la que es breve y sabe ir derecha al punto.

El gran escritor del Génesis refirió la historia de la creación del mundo con 442 palabras, menos de la mitad de las que yo he utilizado en este capítulo. ¡He ahí una obra maestra de la brevedad!

24. ESTA ENTREVISTA ME ENSEÑÓ A VENCER EL MIEDO DE ACERCARME A LOS PERSONAJES

ALGUIEN ME PREGUNTABA el otro día si he tenido miedo. *Miedo* no es la palabra. ¡Verdadero terror! Esto ocurrió hace mucho tiempo, cuando yo luchaba con una existencia difícil e intentaba vender seguros de vida. Gradualmente fui comprendiendo que si deseaba tener más éxito, habría de visitar algún personaje y vender pólizas de más precio. En otras palabras, que había estado jugando con los equipos pueblerinos, y ahora quería pasar a los de primera.

El primer personaje a quien visité fue Archie E. Hughes, presidente de la "Foss-Hughes Company", de Filadelfia, instalada en las Calles 21 y Market. Era una de las principales industrias automovilísticas de la región oriental. El señor Hughes era un hombre muy ocupado. Ya en diversas ocasiones había intentado verle.

Cuando su secretaria me acompañó hasta su despacho lujosamente amueblado, fui poniéndome más y más nervioso. Me temblaba la voz al empezar a hablar. De repente, perdí por entero el dominio de los nervios y no pude continuar. Allí me quedé, de pie, temblando de miedo. El señor Hughes se me quedó mirando con asombro. Luego, sin saberlo, hice una cosa hábil, una cosa simplísima que transformó la entrevista, haciéndola pasar de un fracaso ridículo a un triunfo. Balbucí:

—Señor Hughes... yo... bueno... he estado tratando de verle, hace mucho tiempo... y, bueno... ahora que estoy aquí, ¡me encuentro tan nervioso que no puedo hablar!

Para sorpresa mía, mientras hablaba, empezó a abandonarme el miedo. Mi mente confusa se aclaró rápidamente, manos y rodillas dejaron de temblar. El señor Hughes pareció convertirse de repente en amigo mío. Claramente se veía que estaba complacido, complacido de que yo le considerase una persona tan importante. En su cara apareció una expresión afable y exclamó:

—Lo comprendo perfectamente. Tranquilícese. De joven, también me pasó eso mismo algunas veces. Siéntese y tómelo con calma.

Hábilmente me animó a proseguir, mediante el sencillo procedimiento de hacerme preguntas. *Se veía perfectamente que si lo que yo vendía era útil para él, estaba absolutamente dispuesto a ayudarme, comprándolo.*

No le vendí nada al señor Hughes, pero gané algo que más tarde me demostró ser más valioso que la comisión que habría podido ganarme en esa venta. Descubrí esta cosa tan simple: *¡Cuando se tiene miedo... debe reconocerse!*

Este complejo del temor a hablar con personas importantes, creí ser debido a la falta de valor. Me avergonzaba de ello. Procuraba mantenerlo en secreto. Después he sabido, sin embargo, que muchos hombres triunfantes, destacados en los asuntos públicos, se vieron asaltados por los mismos temores. Por ejemplo, al comenzar la primavera de 1937, en el "Empire Theather" de Nueva York, me quedé atónito al oír que Maurice Evans (considerado por muchos críticos como el mejor actor shakespeariano del mundo) confesaba su nerviosismo a un gran auditorio compuesto por padres y estudiantes de la "American Academy of Dramatic Art". Yo me encontraba allí debido a que mi hijo Lyle era alumno de la academia.

El señor Evans era el principal conferencista en esa ocasión. Después de haber dicho unas cuantas palabras, balbució, visiblemente embarazado, y, acto seguido, dijo: "Me siento aterrado. No sabía que iba a hablar ante un auditorio tan grande e importante! Suponía haber pensado algunas cosas apropiadas e iba a decirlas ahora, pero se me han ido de la memoria."

Al auditorio le encantó lo dicho por Maurice Evans. Al admitir que se hallaba aterrado, había borrado la mala impresión causada. Reconquistó el dominio de sí mismo, siguió hablando y fascinó a grandes y chicos con unas palabras que le salían del corazón.

Durante la guerra, oí hablar a un oficial de la marina de los Estados Unidos durante una reunión celebrada en el "Bellevue Stratford Hotel" de Filadelfia. Se trataba de un hombre que se había distinguido por su valor y comportamiento en las Salomón. El auditorio se disponía a escuchar una conferencia saturada de aventuras y emociones. Al levantarse, sacó algunos papeles del bolsillo, y, ante el público desilusionado empezó a leerlos. Se encontraba extremadamente nervioso, pero procuraba ocultarlo a sus oyentes. Le temblaban las manos de tal manera que, apenas podía leer correctamente. De pronto, se perdió la voz. Enseguida, embarazado y sinceramente humilde, dijo: "Me siento mucho más asustado ahora, enfrente de ustedes como público, de lo que estuve ante los japoneses en Guadalcanal."

Después de tan honrada confesión, dejó a un lado sus notas y se puso a hablar con entusiasmo y confianza. Resultó cien veces más interesante y efectivo.

Este marino encontró exactamente lo mismo que Maurice Evans, lo que he encontrado yo y lo mismo que otros miles de personas que cuando se halla uno en dificultades y tiene un miedo mortal, debe reconocerlo.

A este respecto escribí un artículo en 1944 para la revista *Your Life*. Poco después de ser publicado me asombró recibir la siguiente carta:

En algún lugar del Pacífico
Septiembre 11, 1944

Distinguido Frank Bettger:
Acabo de leer y meditar un artículo suyo aparecido en el número de septiembre de la revista *Your*

Life. Lo titula usted, "¡Cuando tenga miedo, reconózcalo!" y he estado pensando en lo bueno que es el consejo, especialmente cuando se está aquí, como soldado, en la zona de combate.

He tenido, naturalmente, experiencias similares a las que usted refiere. Discursos en la Escuela Superior y en la Universidad; conferencias con los jefes, antes y después de obtener un empleo; la primera conversación seria con una muchacha... todo ello me produjo bastante miedo, y mucho algunas veces.

Bien, acaso usted se ponga a pensar en el por qué le escribo desde aquí solamente para mostrarme de acuerdo con sus manifestaciones, ya que no estoy pronunciando conferencias públicas ni solicitando un empleo. No, no estoy sujeto a penalidades por ese lado, pero créame que sé lo que es miedo y cómo afecta a una persona. Asimismo, hemos comprobado que su consejo, "¡Reconózcalo!" es igualmente apropiado y justo cuando se trata de hacer frente a un ataque japonés de todos los demonios.

Una y otra vez se ha demostrado aquí mismo que los hombres que se niegan a reconocer su miedo, son los únicos que se derrumban a la hora del combate. Pero si se admite tener miedo, un miedo espantoso, y no se intenta espantarlo, entonces es cuando uno está camino de vencerlo en la mayoría de los casos.

Y ahora, gracias por haber escrito ese artículo, y sinceramente espero que esos afortunados estudiantes y trabajadores que tengan oportunidad de utilizar sus consejos, lo hagan sin vacilaciones.

Sinceramente,

CHARLES THOMPSON

16143837 Co. C
382 Infantry U. S. Army
A. P. O. No. 96, c/o Postmaster, San Francisco, Calif.

Esta carta procedente de la línea de fuego había sido escrita, desde luego, en las más horrendas circunstancias, sin embargo, hay probablemente ahora mismo quien estará leyendo este capítulo, y en alguna ocasión se habrá paseado de arriba abajo, frente a la puerta de un despacho, procurando hacer acopio del valor necesario para entrar. ¿Son ustedes, tal vez? ¡Personajes... las esposas no tiemblan en su presencia! Se rinde un gran homenaje a un hombre cuando se le dice que sentimos miedo en presencia suya.

Ahora, cuando vuelvo la vista atrás, compruebo cuán tonto he sido, cuántas veces he dejado de aprovecharme sacando ventaja de las oportunidades que se me ofrecían, por causa del miedo que experimenté delante de algunas personas importantes. Mi visita al señor Archie Hughes fue un avance importante en mi carrera de vendedor. Temía ir a verle, y quedé aterrado al entrar en su despacho. Si no hubiese reconocido que estaba asustado, no habría tardado en quitárseme de encima. Esa sola experiencia me ayudó a conseguir beneficios mucho mayores. Me demostró que aquel hombre era en realidad una persona sencilla, accesible, a pesar de toda su importancia. Acaso, esta fuera una de las razones de su misma importancia.

No constituye desgracia alguna el hecho de reconocer que se tiene miedo, pero sí el no admitirlo. Por eso, si cuando se pongan a hablar a una persona, o a un millar, les asalta ese extraño demonio del miedo, el enemigo público número uno, y se encuentran incapacitados para encontrar la palabra adecuada, recuerden esa regla bien sencilla:

CUANDO SE TIENE MIEDO, HAY QUE RECONOCERLO

195

RESUMEN

CUARTA PARTE

RECORDATORIOS DE BOLSILLO

1. "Si quiere ganarse un hombre a la causa de uno", decía Abraham Lincoln, "debe convencérsele primero de que se es amigo suyo."

2. Si se quiere ser bien recibido en todas partes, hay que dedicar una sonrisa a todo ser viviente, una sonrisa franca, que salga de dentro.

3. Se tendrá mucha menos dificultad en recordar nombres y caras cuando se tienen presentes estas tres cosas:

   a. *Impresión*: Consígase una impresión clara y vívida de su nombre y rostro.

   b. *Repetición*: Repítase su nombre en breves intervalos.

   c. *Asociación*: Asóciese su nombre con alguna cosa viva, de ser posible; incluyendo su negocio.

4. Séase breve. Es posible que el vendedor no *sepa* mucho, pero sí que *hable* con exceso. Harry Erlicher, vicepresidente de la "Ge-

neral Electric", decía: "En una reciente reunión de jefes de compras, llevamos a cabo
una votación para averiguar por qué los vendedores pierden muchos negocios. Resulta
muy significativo que los votos estuvieran en
razón de tres a uno, asegurando que *los
vendedores hablan demasiado.*"

5. ¡Si tienen miedo de acercarse a los personajes, conviertan ese lastre en un capital!
Vayan a ver al hombre a quien temen visitar, y reconozcan *francamente* ese temor. Se
le rinde un gran homenaje a un hombre
cuando se le dice que sentimos miedo en
presencia suya. Si lo que uno vende puede
servirle, él mismo *ayudará* a realizar la venta.

QUINTA PARTE

CAMINANDO HACIA LA VENTA

25. LA VENTA ANTES DE HABER VENDIDO

E N CIERTA OCASIÓN mientras permanecía en la cubierta de un gran barco, viéndolo atracar en Miami, Florida, observé algo que me sirvió de lección importante para acercarme a los prospectos. En ese preciso momento nada estaba más lejos de mi mente que las ventas. Me encontraba de vacaciones.

Cuando el barco iba aproximándose al muelle, uno de los tripulantes arrojó algo que parecía una pelota de beisbol unida a un cable fino. Otro individuo que esperaba en el muelle, se apoderó del cable y empezó a tirar de él. A medida que tiraba más y más, vi que por la cubierta del barco iba saliendo un cable de mucho mayor grosor, cable que enseguida se hundía en el agua para salir de nuevo. A continuación, el que estaba en el muelle se adueñó de este último y lo amarró a un saliente de hierro. Gradualmente el barco fue arrastrado a lo largo del muelle hasta quedar atracado.

Pregunté al capitán acerca de tal maniobra y me explicó que de otra manera sería peligroso el atraque, y que era el modo más sencillo de hacerlo.

Esto, que al parecer no tiene importancia, me hizo pensar que yo había perdido muchas ventas por no saber efectuar debidamente la maniobra del atraque, es decir de mi acercamiento a los prospectos. Por ejemplo, unos cuantos días antes, un fabricante de pan me amenazó con tirarme por la plataforma de carga. Me había ido a verle sin concertar previamente la cita, y empecé a hablarle de lo mío antes de que supiera quien era yo, a quien representaba y lo que deseaba de él. No crean que fue incorrecto. Simplemente estaba correspondiendo a mi actitud. ¡Ahora se me ocurre pensar el por qué fui tan estúpido!

Cuando, acabadas las vacaciones, regresé a casa, empecé a leer todo cuanto pude hallar acerca del modo de acercarse al cliente. Pregunté sobre eso a otros vendedores más viejos y experimentados. Me sorprendió oírles decir: "¡La entrada es el paso más difícil en la venta!"

Solo ahora es cuando iba dándome cuenta del por qué me ponía tan nervioso y comenzaba a pasear arriba y abajo ante la puerta de una oficina antes de atreverme a entrar. ¡No sabía cómo empezar! Tenía miedo de que me despidieran antes de darme la oportunidad de explicar el objeto de mi *visita*.

Pues bien, ¿de dónde creen que saqué el mejor consejo sobre el modo de iniciar la entrevista? No fue de los vendedores. Lo obtuve preguntando a los mismos *prospectos*. Me enseñaron estas dos cosas, que me fueron muy beneficiosas.

1. Les desagradan los vendedores que los mantienen en suspenso respecto a quienes son, a quién representan, y lo que pretenden. Les molesta muchísimo que el vendedor emplee subterfugios, trate de "camuflarse", o dé una falsa impresión sobre la naturaleza de su negocio o el propósito de su visita. Admiran al vendedor que es natural, sincero, y honrado en su presentación, y va derecho al motivo de la visita.

2. Si el vendedor los visita sin cita previa, gustan que se les pregunte si es conveniente hablar en ese momento, o si prefieren aplazar la conversación de la venta para otra oportunidad.

Años más tarde, oí que mi amigo Richard (Dick) Borden, de Nueva York, uno de los conferencistas y consejeros de ventas más destacados en todo el ámbito nacional, les decía a los vendedores: "Casi no tiene objeto extenderse en consideraciones ante un prospecto al que no le hayan vendido nunca (seguros). De manera que utilicen los primeros diez segundos de toda visita para ganarse el tiempo que necesitan, y poder, así, referirle la historia completa. Vendan la *entrevista*, antes de intentar vender el producto."

Si llego a visitar a una persona, con cita previa, me limito a decir: "Señor Wilson, me llamo Bettger, Frank Bettger, de la "Fidelity Mutual Life Insurance Company". Su amigo Vic Ridenour me encargó que viniese a visitarle cuando me encontrara por este barrio. ¿Puede concederme unos minutos de conversación, o prefiere que vuelva en otro momento?"

Habitualmente, suele responder: "Adelante" o "¿De qué desea hablarme?"

"¡De usted!" es mi contestación.

"¿De mí?" inquiere generalmente.

Este es el momento crítico de la entrada. Si no se está preparado para responder inmediatamente a esta pregunta de manera satisfactoria, es mejor no hacer la visita.

Si se le indica que se pretende venderle algo que le va a costar dinero, se le estará diciendo virtualmente que uno va a aumentar sus problemas. Debe tenerse en cuenta que él ya está preocupado respecto a cómo pagar las cuentas que tiene pendientes, y el modo de reducir sus gastos. Pero si se le dice que se va a discutir con él alguno de sus problemas vitales, estará deseando hablar acerca de cualquier idea que pueda ayudarle a resolver ese problema. El ama de la casa no tendrá tiempo de discutir con un vendedor sobre la adquisición de un refrigerador, pero sí le preocupa el alto precio de la carne, la mantequilla, los huevos, la leche. A ella lo que le interesa extraordinariamente es saber cómo gastar menos, cómo reducir el costo de los alimentos. A un joven ocupado no le interesa acudir a la "Cámara Junior de Comercio", pero sí tendrá un enorme interés en hacer amigos nuevos, ser más conocido, mejor considerado en su comunidad, y en la posibilidad de aumentar sus ganancias.

A veces, todo puede conseguirse sin ninguna "charla de entrada". Permítaseme citar algunos ejemplos. Hace poco, en mi propia casa una noche, un amigo mío que trabaja en una gran empresa, me refirió la siguiente historia:

"Salí de Filadelfia en mi primer viaje como vendedor. Jamás había estado en Nueva York. Mi última parada antes de llegar a la gran ciudad, fue Newark. Cuando entré en el establecimiento de mi prospecto, éste se hallaba ocupado con un cliente. Su hijita de cinco años estaba jugando en el suelo. Era una chiquilla muy simpática y no tardamos nada en hacernos amigos. Me puse a jugar con ella y a esconderme entre los bultos de mercancías para que la criatura fuese en busca mía. Cuando el padre de la chica estuvo libre, y me presenté a él, exclamó: "Hace ya muchísimo tiempo que no hemos comprado nada a ustedes." No le hablé del negocio. Me limité a hablarle de la niña. Al cabo de un momento, me dijo: "Veo que le agrada mi hijita. ¿Quiere volver esta noche a la fiesta que vamos a ofrecerle con motivo de su cumpleaños? Vivimos aquí mismo encima de la tienda."

"Fui a echar mi primera ojeada a Nueva York, y eso fue todo... una ojeada nada más. Después de dar unas vueltas, y lavarme un poco, regresé a Newark y fui a la fiesta. Pasé una velada deliciosa en todo momento. Permanecí allí hasta media noche. Cuando me dispuse a marcharme quedé fascinado porque aquel hombre me entregó el pedido más importante que cliente alguno hubiera hecho a nuestra firma. No había intentado hacer ninguna venta. Sólo tratando de pasar el tiempo de un modo amable con la niña, había preparado mi acceso al prospecto en forma que nunca falla."

Ese vendedor es demasiado modesto para permitirme usar su nombre, pero llegó a ser jefe de ventas, luego, gerente general, y finalmente presidente de su compañía, una firma que ha demostrado su solvencia en una existencia de más de cien años. "En mis veinticinco años de vendedor," siguió explicándome, "la mejor forma de acceso a un cliente, ha sido siempre averiguar cuál era su pasatiempo favorito, y después me dedicaba a hablarle de él precisamente."

No siempre se tiene a mano un chiquillo con quien jugar, o se conoce un pasatiempo al cual referirse, pero siempre hay algún modo de mostrarse amable. Recientemente estuve comiendo con otro amigo mío, Lester H. Shingle, presidente de la "Shingle Leather Company", de Camden, Nueva Jersey. Lester es uno de los vendedores más hábiles que haya conocido en mi vida. Sus palabras fueron estas:

"Hace muchos años, cuando yo era un vendedor novato, visité a un gran fabricante del Estado de Nueva York, pero jamás pude lograr venderle cosa alguna. Un día, al entrar en el despacho de aquel anciano, se mostró disgustado y exclamó: "Lo siento, pero hoy no puedo dedicarle un solo minuto. En este instante me voy a comer"

"Comprendiendo que necesitaba apelar a un procedimiento poco habitual, me apresuré a decirle: "¿Por qué no me invita a comer, señor Pitts?" Pareció un poco sorprendido, pero respondió, "Claro que sí, venga conmigo."

"Durante toda la comida no dije una sola palabra del negocio. Después de regresar a su despacho, me entregó un pedido pequeño. Era el primero que nos hacía, pero vino a ser el principio de una gran cadena de negocios que duró bastantes años."

En mayo de 1945, hallábame en Enid, Oklahoma. Un día, oí hablar de un zapatero llamado Dean Niemeyer que, en su tienda, acaba de establecer el campeonato mundial, vendiendo 105 pares de zapatos en un solo día. Cada venta había sido hecha por separado, individualmente, a 87 mujeres y niños. Éste era un hombre al que me interesaba hablar, por cuya razón fui a su establecimiento y le pregunté cómo lo había logrado. El señor Niemeyer me contestó lo siguiente: "Todo consiste en la forma de entrar al cliente. A éste, se le vende o se le pierde según la manera de comenzar la entrevista en la misma puerta de la tienda."

Sentíame francamente ansioso por ver lo que quería decir, de manera que le vi trabajar una parte de esa mañana. Realmente consigue que el cliente se sienta tan a gusto como en su propia casa. Sale a recibir a las señoras en la misma entrada de la tienda y les sonríe afablemente. Con sus modales naturales, cariñosos, y sus deseos de ayudar, las damas se alegran de haber entrado en la tienda. *Ya les ha vendido antes de llegar a sentarse siquiera.*

Estos tres hombres habían aplicado sencillamente en su entrada con el cliente, el primer paso y quizá el más importante para vender lo que sea: "¡Véndete tú primero!"

He comprobado que lo que hago en el instante del acceso, suele determinar el comportamiento del prospecto. Si mi entrada es apropiada, cuando inicio la venta soy el dueño de la situación. Si fracaso en el acceso, quien domina la situación es el prospecto.

Voy a cerrar este capítulo publicando la conversación de entrada que utilizo. . . conversación que he ido modificando con el transcurso del tiempo, y que ha llegado a serme sumamente valiosa. De ustedes depende traducir una parte de ella para adaptarla al artículo que venden.

Yo: Señor Kothe, no me es posible decirle por el color de su cabello o de sus ojos cual es su situación, exactamente lo mismo que un médico no puede diagnosticar mi estado si entro en su consulta, me siento y me niego a hablar. Ese médico no podría hacer nada por mí ¿verdad?

Señor Kothe: (*Haciendo casi siempre un guiño*). No, desde luego.

Yo: Bueno, pues esa es mi situación con usted, a menos de que quiera hacerme depositario de su confianza en un cierto sentido. En otras palabras, con objeto de que pueda indicarle algo que en fecha futura pueda serle de gran valor, ¿me permite que le haga algunas preguntas?

Señor Kothe: Adelante. ¿Cuáles son esas preguntas?

Yo: Si hubiese alguna pregunta que no quiera responderme, no voy por eso a sentirme ofendido. Lo comprenderé perfectamente. Pero si alguien llegara a saber algo de cuanto usted me diga, será porque *usted* se lo haya dicho, no porque lo haga *yo*. Esto lo considero absolutamente confidencial.

EL CUESTIONARIO

He observado que inicio mejor las preguntas esperando a que mi prospecto conteste la primera, antes de sacar el cuestionario del bolsillo. Hago esto mientras le miro directamente a los ojos con gran interés. Este cuestionario lo he ido modificando a través de los años. Es breve, pero me da el cuadro completo de la situación del prospecto; también alguna idea de sus planes inmediatos y de sus objetivos futuros. Formulo las preguntas tan rápidamente como me es posible. Eso me cuesta de cinco a diez minutos, dependiendo sólo de lo que él hable.

He aquí algunas de esas preguntas íntimas que no vacilo en formular:

¿Qué ingreso mínimo mensual necesitaría su esposa en el caso de fallecer usted?

¿Ingreso mínimo mensual para usted a los sesenta y cinco años?

¿A cuánto se eleva actualmente su capital?

¿Acciones, bonos, otros valores?

¿Fincas? (hipotecas)

¿Dinero en metálico?

¿Cantidad que gana anualmente?

¿Seguros de vida?

¿Cuánto paga al año por sus primas de seguros? ·

No deben ustedes de tener miedo en formular la misma clase de preguntas íntimas, aplicadas directamente a su negocio particular, si antes han preparado adecuadamente a su prospecto mediante una charla de entrada similar a la mencionada anteriormente.

Del mismo modo que saqué el papel, vuelvo a guardármelo en el bolsillo. Mi última pregunta es (con una sonrisa) "¿A qué se dedica usted cuando deja el trabajo, señor Kothe? En otras palabras, ¿cuál es su pasatiempo favorito?"

Su contestación a esta pregunta suele serme valiosísima andando el tiempo. Mientras él responde a esta pregunta, es cuando me meto el cuestionario en el bolsillo. Jamás se lo enseño al prospecto en mi primera entrevista. Su curiosidad entretanto, alcanzará un grado tal que mejorará mis posibilidades para la segunda entrevista. Después de tener completa la información, me pongo de pie en cuanto puedo, diciendo: "Gracias por su confianza, señor Kothe. Voy a pensar un poco en todo esto. Creo que ya tengo una idea que puede serle de bastante valor, y después que la haya meditado a fondo, le telefonearé para que hagamos una cita. ¿Le parece bien?" Y su respuesta suele ser: "Sí."

Me sirvo de mi criterio en cuanto a fijar una cita en ese mismo momento, para una fecha posterior, la semana siguiente por ejemplo.

IMPORTANTE. Estos cuestionarios deben conservarse en un archivador, exactamente igual que hacen los médicos con las fichas de sus pacientes. Les facilitará a ustedes informes sobre sus clientes a medida que éstos vayan triunfando o mejorando en sus respectivos negocios. Y he podido comprobar que el hombre que triunfa no tiene inconveniente en decírselo a uno. El prospecto sabe perfectamente, cuando está uno sinceramente interesado, que uno es la única persona con la cual pueden discutir sus problemas, y compartir sus éxitos y felicidad.

No creo que la charla de acceso deba ser aprendida de memoria. Pero sí creo que debe escribirse y leerse varias veces todos los días. Luego, de repente, un día, se la sabe uno. Si se aprende de esta manera jamás sonará a cosa "enlatada". Digan su charla a su esposa. Ensáyenla una y otra vez con ella, hasta estar seguro de haberse compenetrado con todas sus palabras.

RESUMEN

1. No traten de lanzar la caña, arrojen el anzuelo nada más.

2. El acceso sólo debe tener un objetivo: Vender la entrevista de la venta, no su producto, sino su *entrevista*. Se trata de *la venta antes de haber vendido*.

26. EL SECRETO PARA HACER CITAS

HE ESTADO yendo al mismo barbero semanalmente los últimos treinta y un años, un italiano menudo, llamado
Ruby Day. Un tío suyo le inició en el negocio, como
aprendiz, cuando sólo tenía nueve años. Era tan bajito que
necesitaba subirse en una banqueta. Los parroquianos de Ruby
creen que es uno de los mejores barberos del mundo. Además,
es un verdadero rayo de sol.

A pesar de todas estas cualidades, allá por el 1927, Ruby
iba de mal en peor. Su negocio había llegado a tal grado económico, que no pudo pagar el alquiler de cuatro meses, y el
dueño del edificio, donde tenía instalado su establecimiento
para un solo cliente, le había amenazado con echarle de allí.

Un viernes por la tarde, mientras estaba cortándome el pelo, observé que parecía hallarse enfermo. Le pregunté qué le
ocurría. Finalmente, me explicó el terrible atolladero en que se
encontraba. Además de todo eso, su esposa acababa de dar a
luz un hijo más, Ruby, Jr.

Estábamos charlando cuando entró otro cliente y quiso saber si iba a tardar mucho tiempo en estar arreglado. Ruby le
aseguró que tardaría poco, pero lo hizo de mala gana. El otro,
se sentó y se puso a leer una revista.

—Ruby, —le dije—, ¿por qué no trabaja con citas previamente concertadas?

—Señor Bettger, no puedo hacerlo, —replicó—. A la gente
no le gusta hacer cita con el barbero.

—¿Por qué no? —insistí.

—Eso está bien con un médico o un abogado, —expuso—, pero con un barbero...

—No sé por qué no, —remaché—. Yo pensaba lo mismo de mi trabajo hasta que otro agente-vendedor me convenció de que es el único modo de trabajar.

—A sus clientes les agrada su trabajo, Ruby, y tienen simpatía por usted, pero les fastidia esperar. Apostaría algo a que este hombre que está ahí haría con gusto una cita con usted para una hora determinada todas las semanas, ¿no es cierto, señor?

—¡Claro! —asintió el aludido.

Enseguida se puso de acuerdo con Ruby respecto a la hora en que acudiría semanalmente.

—¡Ya está! —le dije satisfecho—. Ahora, apúnteme a mí para los viernes a las ocho de la mañana.

Al día siguiente, Ruby adquirió un libro para anotar las citas, y comenzó a telefonear a sus antiguos clientes, muchos de los cuales llevaban meses sin aparecer por la barbería. Poco a poco fue llenando el libro de citas, y sus dificultades económicas pasaron a la historia. Ahora lleva ya veinte años trabajando exclusivamente de esa manera. Sus parroquianos se han acostumbrado y les parece mejor este procedimiento porque les economiza tiempo. En la actualidad R. B. (Ruby) Day es el dueño de una bella casita en el 919 de la Fox Chase Road, Hollywood, Penna. Y da la impresión de ser un hombre feliz y satisfecho con su negocio.

Relaté esta historia una noche en un curso sobre ventas que estábamos celebrando en Pasadena, California. Se hallaba presente un chofer de taxi. Al terminarse la semana, subió a la tribuna y nos dijo: "¡Ahora también soy un hombre de negocios!" Le preguntamos qué quería decir: "Pues bien", añadió, "después de oír la charla del martes por la noche, pensé que si un barbero podía hacer citas, yo debía intentarlo, cuando menos. A la mañana siguiente, llevé al presidente de una gran compañía hasta Glendale donde tenía que tomar el tren. En el camino, le pregunté cuanto tiempo pensaba estar fuera. Me dijo que regresaría esa misma noche y aceptó que fuese a recogerlo para llevarlo a su casa. Así lo hice y me pareció verle satisfecho cuando le dejé en la puerta de su casa, pues me dio una buena propina. Averigüé que hacía ese viaje todas las semanas y que a veces se veía en dificultades para encontrar un taxi. Por eso hicimos una cita para ir a buscarle semanalmente. Además de esto, me dio los nombres de otros directores de su compañía para que les telefoneara e hiciese asimismo citas con ellos. Al telefonearles, les expuse que lo hacía por sugerencia de su presidente. Por medio de estas llamadas conseguí dos trabajos más para la mañana siguiente. Hoy, he comprado un libro para anotar las citas, y voy a establecer una relación de trabajos regulares, como lo hizo su barbero. ¡Francamente, me siento hombre de negocios!"

Hice esta misma sugerencia a mi camisero. Bien pronto, la mayoría de sus clientes hacían previamente sus citas.

Estos hombres descubrieron lo mismo que había descubierto yo y muchos miles de personas más... ¡que en el mundo de los negocios, la gente *prefiere* trabajar con cita!

1. Ahorra tiempo, elimina gran parte de esa trágica pérdida de tiempo que preocupa a muchos vendedores. Igualmente economiza tiempo al cliente.
2. Al solicitar una cita, damos a entender al cliente que sabemos es hombre ocupado. Instintivamente concede un mayor valor a nuestro tiempo. Cuando concierto previamente la cita, soy mejor atendido, y el hombre tiene más respeto por todo lo que le expongo.
3. Cada visita se convierte en un acontecimiento. La cita hace que el vendedor no tenga el carácter de vendedor ambulante.

Mi viejo compañero Miller Huggins, fue famoso en el beisbol porque, con frecuencia, se situaba en base. De esta manera, como es natural, marcaba más carreras en promedio que los restantes jugadores. En lo que respecta a las ventas, he comprobado que hacer citas es como colocarse en base. El fundamento de la venta está en conseguir entrevistas, y el secreto de celebrar una entrevista cortés, atenta, y buena, se halla en la venta de citas. Las citas son más fáciles de vender que los aparatos de radio, las aspiradoras, los libros, o los seguros. Cuando lo pensé claramente, un gran alivio se adueñó de mí. Dejé de tontear en busca de un "home run". ¡Simplemente procuré situarme en "primera base."

Al telefonear a alguien, simplemente solicito una cita, y suelen concedérmela sin preguntar nada. Pero si se trata de alguien a quien nunca he visto, invariablemente pregunta: "¿Para qué desea verme?"

Este es el momento crítico del acceso. Es completamente seguro que si expongo que deseo vender algo, soy eliminado en ese mismo instante, y las oportunidades de lograr una cita posterior se habrán venido abajo. La realidad es que no sé si la persona a quien telefoneo necesita lo que yo vendo. Por esto, el propósito de la cita es para hablar, nada más. Por eso tengo que permanecer en guardia y no hablar nada de ventas por teléfono, ni la menor alusión a ellas. Debo concentrarme en una cosa, en una cosa nada más, en vender una *cita*.

Séame permitido exponer un ejemplo típico: El otro día, logré comunicarme telefónicamente con un hombre que, por sus negocios, viaja continuamente en avión a un promedio de diez mil millas mensuales. He aquí la conversación que sostuvimos:

Yo: Señor Aley, me llamo Bettger, Frank Bettger, amigo de Richard Flicker. ¿Se acuerda de Dick, verdad?
ALEY: Sí.
Yo: Señor Aley, soy vendedor de seguros de vida. Dick me indicó que debiera visitar a usted. Ya sé que está muy ocupa-

do, pero solamente desearía hablarle cinco minutos cualquier día de esta semana.

ALEY: ¿Quiere venderme algún seguro? Hace unas cuantas semanas adquirí más seguros de los debidos.

Yo: Está bien, señor Aley. Si intentara venderle algo, la culpa sería de usted, no mía. ¿Me permite que le vea unos minutos mañana por la mañana, digamos a las nueve?

ALEY: Tengo una cita para las nueve y media.

Yo: Bueno, si se prolonga más de cinco minutos, también será suya la culpa y no mía.

ALEY: Está bien. Mejor será que venga a las nueve y cuarto.

Yo: Gracias, señor Aley. Allí estaré.

A la mañana siguiente, mientras estrechaba su mano en el despacho, saqué el reloj y dije:

—Usted tiene otra cita a las nueve y media, de modo que voy a concretarme a cinco minutos nada más.

Formulé mis preguntas con tanta brevedad como me fue posible. Al acabarse mis cinco minutos, dije:

—Bueno, mis cinco minutos han transcurrido. ¿Quiere decirme alguna otra cosa más, señor Aley? —Y en los diez minutos restantes, el señor Aley me dijo todo lo que en realidad deseaba yo saber acerca de él.

Ha habido personas que me han retenido una hora, después de terminarse mis cinco minutos, para hablarme de ellas; ¡pero jamás es culpa mía, sino suya!

Sé que muchos vendedores no trabajan con cita previamente acordada, pero he advertido que se atienen a los días fijados para las visitas. En otras palabras, *son esperados*.

"No acudirán a la oficina." Este es un cartel que hay colgado en la pared de nuestras oficinas e impreso en grandes caracteres. Así lo creí yo siempre también, hasta oír a Harry Wright, un dinámico vendedor de Chicago, quien hablando una noche en cierta reunión de agentes, aseguró haber descubierto que *si acuden* a la oficina. "El sesenta y cinco por ciento de mis negocios los cierro en mi propio despacho," afirmó. "Siempre lo sugiero para celebrar la entrevista, explicando que no seremos interrumpidos y que allí podemos concluir el negocio más rápida y satisfactoriamente."

Al principio tuve miedo de intentarlo. Pero me sorprendió observar que mucha gente lo prefiere así. Cuando vienen a mi oficina jamás permito interrupción alguna. Si suena mi teléfono, contesto de esta manera más o menos:

—¡Ah, hola, Vernon! ¿Vas a estar ahí un rato más? ¿Puedo llamarte dentro de veinte minutos? Tengo aquí una persona y no quiero entretenerla. Gracias, Vernon. Te hablaré más tarde.. —Enseguida cuelgo y pido a la telefonista que cancele todas las llamadas para mí, en tanto esté en el despacho con el señor Thomas. Esto nunca deja de agradar a mi visitante.

Antes de que se vaya, si es que no tiene mucha prisa, me encargo de presentarle a todos los empleados que han intervenido en la redacción de su póliza, y que se hallan dispuestos a seguir sirviéndole por ser cliente nuestro.

Sé de muchos vendedores que esta oportunidad les parece excelente y llevan a sus clientes a las oficinas, talleres o fábricas, para que vean cómo se preparan los artículos que ellos venden.

HOMBRES DIFÍCILES DE VER

La práctica se encargará de mejorar la técnica de cada uno en cuanto a conseguir las citas. Desde luego, siempre hay algunos hombres que son difíciles de ver. No obstante, he comprobado que son los mejores prospectos cuando se puede verlos. Mientras yo me muestre correcto, he visto que no les molesta mi insistencia. He aquí unas cuantas de las preguntas que empleo, e ideas que me han ayudado mucho:

1. Señor Brown, ¿cuál es el mejor momento para ver-

le, a primera hora de la mañana o de la tarde? ¿Es mejor al principio o al final de la semana? ¿Puedo visitarle esta tarde?

2. ¿A qué hora suele irse a comer? Podríamos comer juntos un día de esta semana. ¿Quiere comer mañana conmigo en la "Union League", digamos a eso de las doce o doce y media?

3. Sí, en efecto, el tiempo le apremia, pero desea sinceramente verme, suelo preguntar: "¿Tiene usted su automóvil hoy aquí en la ciudad?" Si me responde que no, me brindo a llevarle en el mío. Digo: "Así podremos estar juntos algunos minutos".

4. Me ha sorprendido comprobar cuantos hombres reacios a concederme una cita, han aceptado la entrevista si se fija con bastante antelación. Por ejemplo, los viernes por la mañana, cuando planeo mi trabajo para toda la semana siguiente, si telefoneo y digo: "Señor Jones, el próximo miércoles estaré por sus barrios, ¿me permite que vaya a visitarle?" generalmente suelen aceptar. Acto seguido le pregunto si es mejor por la mañana o por la tarde, y él mismo suele fijar la hora.

Después de realizar todos los esfuerzos razonables, si comprendo que no quiere sinceramente cooperar, desisto del intento y lo olvido.

Algunos de los mejores contactos que he hecho en mi vida fueron hombres que me resultó sumamente difícil ver. Veamos un ejemplo: Se me dio el nombre de un ingeniero-contratista de Filadelfia. Después de telefonearle un par de veces, supe que raramente se encontraba en su oficina a excepción de las 7 ó 7.30 de la mañana.

Al día siguiente me dirigí a su despacho a las siete de la mañana en punto. Estábamos en pleno invierno y apenas si había luz en la calle. Él estaba leyendo algunas cartas en su escritorio. De pronto, cogió un gran portafolio y pasó velozmente junto a mí. Le seguí hasta su automóvil. Al abrir la portezuela, se me quedó mirando y dijo:

—¿De qué quiere hablarme?

—De *usted*.

—Esta mañana no puedo detenerme para hablar con nadie, —replicó.

—¿Dónde tiene que ir esta mañana? —inquirí.

—A Collingswood, Nueva Jersey, —contestó.

—Permítame que le lleve en mi automóvil, —sugerí.

—¡No! Tengo en el mío un montón de cosas que voy a necesitar precisamente hoy.

—¿No le importaría que fuese con usted en su auto? Podríamos ir hablando por el camino. Así economizaría su tiempo.

—¿Cómo va a regresar? —preguntó—. Voy a seguir después hasta Wilmington, Delaware.

—Eso no es problema, ya me las arreglaré, —dije para tranquilizarle.

—Vamos, venga, —repuso, haciendo un guiño.

Hasta ese momento no sabía mi nombre ni de lo que deseaba hablarle, pero fui con él hasta Wilmington y regresé a Filadelfia en un tren del medio día llevando en el bolsillo su solicitud firmada.

He ido en el tren hasta Baltimore, Washington, y Nueva York, con hombres a los que no habría logrado vender ningún seguro por otro procedimiento.

COSAS IMPORTANTES QUE APRENDÍ SIRVIÉNDOME DEL TELÉFONO

Tengo la costumbre de llevar abundantes monedas en el bolsillo con objeto de poder servirme de cualquier teléfono de pago, dondequiera que me encuentre. La verdad es que muchas veces he salido de mi oficina para irme hasta la cabina de la esquina, simplemente porque en ella había demasiadas interrupciones.

Después de haber fijado los viernes por la mañana para hacer planes, empecé a telefonear a la mayoría de la gente que deseaba visitar la siguiente semana. Me asombró ver la cantidad de citas que conseguía establecer para gran parte de mi itinerario semanal.

Me costó bastante tiempo aprender a no tener miedo de dejar mi teléfono para que el mismo cliente o prospecto me telefonease posteriormente. Luego de llamarle diversas veces sin conseguir establecer contacto con él, experimentaba la impresión de que andaba pretendiendo verle porque YO deseaba algo. Comprobé que si le dejaba recado para que me telefonease, creía que yo poseía algo que le interesaba a ÉL. Algo importante para *él*.

Después de haber reconocido la importancia de empezar vendiendo la cita, estuve en condiciones de conseguir cuantas entrevistas me eran precisas.

Permítaseme repetir una vez más la regla que tanto tiempo me costó aprender:

Primero, Véndase la *cita*.
Segundo, Véndase el producto.

27. CÓMO APRENDÍ A SOSLAYAR SECRETARIAS Y TELEFONISTAS

UN DÍA de la semana pasada oí una soberbia lección sobre el modo de soslayar secretarias y telefonistas. Estaba yo comiendo con nuestro grupo de la "Union League", cuando uno de los componentes de nuestra mesa, Donald E. Lindsay, presidente de la "Murlin Manufacturing Company", de Filadelfia, refirió esta historia:

—Un vendedor llegó esta mañana a nuestra fábrica y solicitó ver al señor Lindsay. Salió mi secretaria y le preguntó si estaba citado con el señor Lindsay. "No", respondió, "no tengo ninguna cita, pero tengo unos informes y sé que él desea conocerlos." Mi secretaria le preguntó su nombre, y a quién representaba. Le dijo lo primero, pero expuso que se trataba de una cuestión personal. Entonces, ella exclamó: "Bien, soy la secretaria particular del señor Lindsay. Si se trata de algo personal, tal vez pueda resolverlo yo. El señor Lindsay está muy ocupado ahora mismo."

"Es un asunto *privado*", insistió el hombre. "Me parece que será preferible hablar personalmente con él para tratarlo."

"En ese mismo momento", siguió diciéndonos Don, "me hallaba yo en la parte de atrás de la fábrica. Tenía las manos sucias; estaba trabajando con dos de nuestros mecánicos en algo que se les había presentado difícil. Me lavé y regresé hasta el despacho.

"No reconocí al individuo, pero se presentó, me dio la mano, y preguntó si podía tener conmigo una charla privada de

cinco minutos. Le pregunté, "¿Acerca de qué?" "Es un asunto
enteramente personal, señor Lindsay", dijo, "pero se lo puedo
explicar en unos cuantos minutos."

"Cuando entramos en mi oficina, el hombre prosiguió: "Señor Lindsay, hemos organizado un servicio para la supervisión
de los impuestos, que puede ahorrar a usted considerable cantidad de dinero. No cobramos nada por este servicio. Todo lo
que necesitamos es que nos facilite algunos informes, de modo
estrictamente confidencial."

"Diciendo estas palabras, sacó un cuestionario y empezó a
formular sus preguntas. "Aguarde un momento", le atajé, "usted trae algo que vender. ¿De qué se trata? ¿A quién representa?"

"Perdóneme, señor Lindsay, pero. . ."

"¿A qué compañía representa? insistí.

"A la "A. B. C. Insurance Company". Yo. . ."

"¡Salga de aquí enseguida! ordené. Ha entrado aquí utilizando un subterfugio. ¡Si no sale inmediatamente, le arrojaré
de mala manera!"

Don Lindsay había formado parte del equipo de lucha cuando
fue estudiante en la Universidad de Pennsylvania. Conociendo
a Don, como ocurre con la mayoría de nosotros, soltamos la
carcajada, porque ¡habría sabido muy bien cómo arrojarle de
mala manera! Por la forma de contarnos el incidente, compren-
dimos que el vendedor había salido a escape de su despacho.

El tal vendedor tenía una buenísima presentación, y se expresaba bien, nos manifestó Don. Pero dediquemos unos cuantos minutos a estudiar su forma de introducirse con el cliente
en perspectiva:

1. No tenía cita concertada. Encontró al señor Lindsay en un momento inoportuno, lo cual suele ocurrir cuando uno no es esperado.
2. Dijo su nombre a la secretaria, lo cual no signi-
   ficaba nada, porque evadió la pregunta de ella:

"¿A quién representa?" Esto siempre despierta suspicacias.

3. Cuando la secretaria le dijo que el señor Lindsay estaba ocupado, se comprendía que él no la creía, cosa que molestó a la muchacha.

4. Continuó, apelando a un *subterfugio*. Mató toda oportunidad de regresar a la fábrica. Aun cuando representaba a una buena compañía, hizo extremadamente difícil para *cualquiera* de sus agentes poder hacer negocio en esa empresa.

Mi experiencia al intentar entrevistar a determinado prospecto ocupado, me ha enseñado que es más bien cuestión de sentido común que de apelar a triquiñuelas. Muchos vendedores parecen no comprender que tiene mucha importancia para ellos la secretaria de un hombre. En muchos casos, ella viene a ser el poder oculto detrás del trono. He aprendido que si quiero ver al personaje, lo mejor que puedo hacer es colocarme en sus manos, y usualmente, es ella misma la que me lleva hasta el *sancta sanctorum*. Después de todo, ella es quien mejor enterada está en cuanto a las citas de su jefe. Cuando trabajamos con la secretaria de un hombre, es como si estuviéramos haciéndolo con su propia "mano derecha". He comprobado que mis entrevistas salen mejor cuando la hago confidente mía, soy honrado y sincero con ella, y muestro respeto por el cargo que desempeña.

Al principio, procuro averiguar su nombre por alguien de la oficina. Después, siempre me dirijo a ella por su nombre. Lo anoto en mi tarjeta de registro permanente, de forma que ya no cabe olvidarlo jamás. Al telefonear posteriormente, en solicitud de una cita, suelo decir:

—Señorita Mallets, buenos días. Habla el señor Bettger. ¿No podría usted conseguirme una entrevista con el señor Harshaw por veinte minutos, para hoy u otro cualquier día de esta semana?

Tengo visto que la mayor parte de las secretarias y encargados de recibir a la gente, estiman que su obligación consiste en eliminar a todo el mundo. Pero no creo que los subterfugios y las triquiñuelas sean la manera de tratar con ellos. Un hombre inteligente con una personalidad dominante, puede soslayar a la secretaria sin necesidad de exponerle el propósito de su visita. Un vendedor con bastante aplomo y una cónversación fluida puede salir enseguida adelante, pero estimo que el mejor modo de soslayar secretarias y telefonistas ¡consiste en no intentarlo!

28. UNA IDEA QUE ME AYUDÓ A ENTRAR EN LAS "LIGAS MAYORES"

MUCHO ME HA SORPRENDIDO observar que la mayor parte de las ideas que he venido utilizando para mis ventas, las aprendí primeramente jugando al beisbol. Por ejemplo, mientras jugaba con el equípo de Greenville, Carolina del Sur, el entrenador, Tommy Stouch, me dijo un día:

—Frank, si pudieras "batear", los clubes de las "Ligas Mayores" andarían todos detrás de ti.

—¿Hay algún modo de aprender a "batear" bien? —pregunté.

—Jesse Burkett no lo hacía mejor que tú, —declaró Tom—; sin embargo se ha convertido en uno de los mejores "bateadores" que hay en el beisbol.

—¿Y cómo lo consiguió? —inquirí, dubitativo.

—Burkett se hizo a la idea de que tenía que aprender a "batear", —añadió Tommy—, de forma que todas las mañanas se iba al campo de juego y "bateaba" trescientas pelotas. Pagaba unos cuantos centavos a unos muchachos para que las fueran recogiendo y se las lanzasen. Así estuvo practicando hasta que lo hizo con toda perfección.

La historia parecía demasiado buena. Tendría que comprobarla personalmente. Me fui a revisar todos los *records*: Solamente *dos* jugadores habían conseguido más de los 400 "batazos" en una sola temporada. Uno de ellos era Lajoie. ¡El otro, Jesse Burkett!

Me excitó tanto la idea que intenté que algunos de los jugadores me ayudaran a salir avante en la empresa, pero me contestaron que estaba loco. Decían que un norteño no puede aguantar el terrible sol del sur por la mañana y por la tarde. Pero mi compañero de cuarto, Ivy (Reds) Wingo, un "catcher" de Norcross, Georgia, dijo que a él le gustaría intentarlo. Conque buscamos algunos muchachos a los que alegró ganarse unas cuantas monedas, y nos íbamos a jugar por las mañanas muy temprano antes de que el sol calentase demasiado. Reds y yo "bateábamos" trescientas pelotas.

Nos salieron algunos callos en las manos, pero esa fue toda nuestra molestia, y nos divertíamos mucho con el entrenamiento.

Ese verano, Reds y yo, éramos adquiridos por los "Cardenales" de St. Louis.

¿Si esto tiene algo que ver con las ventas? Pues nada menos que esto: diez años después de haber abandonado el beisbol, y llevando ya dos como vendedor, un sureño elegante y gigantesco llamado Fred Hagen, fue trasladado a Filadelfia desde la sucursal de nuestra compañía en Atlanta. Fred tenía personalidad y una sonrisa que valía un millón de dólares, pero toda su experiencia en ventas la había conseguido entre los agricultores del sur, de manera que hubo de formarse un método nuevo para vender pólizas. Empezó practicándolas conmigo.

Era la misma idea que aprendí en el beisbol. Le referí a Fred la historia de Jesse Burkett, "Reds" Wingo y yo, "bateando" trescientas pelotas. Fred se entusiasmó con la idea e insistió en que me entrenara con él. Nos tratábamos mutuamente como si fuésemos verdaderos prospectos, practicábamos continuamente, y aquello me encantaba. ¡Pretendía hablar de ventas de seguros con cuantas personas me encontraba! ¿Resultados? Que comencé a realizar más visitas. Cuando un vendedor deja de hacerlas, frecuentemente la verdadera razón consiste en que ha perdido interés y entusiasmo por ellas.

Un periodista fue una noche a entrevistar a John Barrymore después de su 65a. representación de *Hamlet*. Tuvo que espe-

rar hora y media hasta que terminó el ensayo. Cuando finalmente estuvo frente al gran actor, el periodista exclamó: "Señor Barrymore, me sorprende que aun necesite ensayar después
de llevar sesenta y seis representaciones en Broadway. ¡Está
usted considerado como el *Hamlet* más grande de todos los
tiempos y un verdadero genio de la escena!" Barrymore se
doblaba de risa. "Escuche," dijo. "¿Quiere saber la verdad?
Durante cinco meses, he leído, releído, estudiado y recitado ese
papel nueve horas diarias. Creí que no conseguiría metérmelo
en la cabeza. Varias veces estuve a punto de dejarlo todo. Pensaba que iba a equivocarme en la actuación, y que era un error
de mi parte haberme dedicado a ser actor. Sí, hace un año,
quise marcharme, y ahora me están llamando genio. ¿No es ridículo esto?"

En la época que leí esa historia, me sentía desplomado.
Ella fue la que me apremió a pedir a nuestro entrenador que
me permitiese hacer una demostración de ventas delante de todos los agentes. Por la forma de mirarme, creo que nadie se lo
había solicitado anteriormente. Esto me puso en un brete, de
manera que ensayé, ensayé, y ensayé. Como mi charla iba mejorando, fui poniéndole más énfasis. Me excité extraordinariamente. Mientras trataba de perfeccionarla, se me ocurrió
una nueva idea para el cierre de la venta. Poco después de haber hecho la demostración, cerré una gran venta que, me consta, no hubiese podido llevar a cabo a no haber hecho todos
aquellos ensayos. Cada vez que se me ha solicitado representar
una entrevista de venta delante de un grupo, me he beneficia-
do más, muchísimo más, probablemente, que mis oyentes. El or-
gullo, supongo, me incita a prepararme y ensayar hasta saber
que estoy preparado.

Poco antes de su muerte, Knute Rockne, famoso "coach"
de futbol del equipo de Notre Dame, pronunció una charla ex-
plicativa ante una de las mayores organizaciones de ventas
de toda la nación. Es uno de los mensajes más prácticos e ins-

piradores para el vendedor, que he leído en mi vida. He aquí
la esencia de su contenido:

En Notre Dame, teníamos un grupo de trescien-
tos muchachos aproximadamente, tanto veteranos
universitarios como novatos. Se dedicaban a practicar lo fundamental en el juego, y seguían, seguían,
seguían, hasta que todo eso que representaba lo fundamental, se hacía en ellos tan natural y subcons-
ciente como la misma respiración. Después, en el juego, no tenían que detenerse para pensar lo que debían
de hacer a continuación, cuando se presentaba el momento de actuar rápidamente. Los mismos principios
caben aplicarse a las ventas, igual que al futbol. Si
desean ser astros en el juego de las ventas, tendrán
que practicar lo que en ellas es *fundamental*, el a.b.c.
de su trabajo, grabarlo con tal fuerza en su mente,
que llegue a convertirse en una parte de su ser. Deberán conocerlo tan bien que no les importe cuanto
pueda hacer el prospecto porque ustedes son capaces
de llevarle de nuevo al camino que les interese, sin
darse casi cuenta de lo que ha sucedido. ¡Tienen que
persistir, persistir y *persistir!*

Esto fue lo que evitó que John Barrymore dejara el tea-
tro, y le ayudó a ser considerado como el *Hamlet* más grande
de su tiempo.

Esto mismo fue lo que elevó a Jesse Burkett desde la categoría de "bateador" mediano hasta de la de ¡inmortal del
beisbol! Hasta el momento actual tan solo ha habido cuatro
jugadores capaces de alcanzar el récord de más de 400 "batazos" en una temporada... Ty Cobb, Rogers Hornsby, Lajoie
y Burkett.

Sí, eso también fue lo que me ayudó a salir de las "menores" y me llevó a las "mayores" en beisbol, y en ventas.

RESUMEN

1. El mejor momento de preparar un discurso es a continuación de haber pronunciado otro; exactamente lo mismo que sucede con una charla de ventas. Todas las cosas que debieron decirse, y las que no debieron haberse dicho, están frescas todavía en la mente. ¡Escríbanse *inmediatamente!*

2. Escríbase la charla palabra por palabra. Sígase procurando mejorarla. Léase y reléase hasta saberla. Pero no debe memorizarse. Ensáyese con la esposa propia. Si está mal, *ella* se lo dirá. Dígasela a su instructor. Y también a otro vendedor. Dígala hasta que sea de su completo agrado.

Knute Rockne decía: *"Persistir... Persistir... Persistir."*

29. CÓMO DEJAR QUE EL PROPIO COMPRADOR LE AYUDE A UNO A VENDER

HAY UN ANTIGUO proverbio chino que dice así: "Una demostración vale más que mil palabras." Una buena regla, aprendida por mí, consiste en no decir nunca nada que pueda dramatizarse. Mejor todavía: nunca dramaticen nada, si pueden lograr que lo haga el cliente o prospecto. Dejen que sea él quien actúe. Háganle entrar en acción. En otras palabras: *Dejen que el cliente les ayude a hacer la venta.*

Veamos algunos ejemplos de cómo se utilizó la dramatización para realizar la venta:

NÚMERO 1. La "General Electric" y compañías similares llevaban años enteros tratando de convencer a los directores de escuelas de la necesidad de utilizar un alumbrado moderno en las aulas. Se dieron numerosas conferencias... fueron pronunciadas miles de palabras... ¿Resultados? *¡Ninguno!* Inesperadamente a un vendedor se le ocurrió una idea... dramatización. Se presentó ante la dirección de la escuela de una ciudad, sostuvo una varilla de acero por encima de su cabeza, la forzó ligeramente por los extremos y exclamó: "Señores, hasta aquí puedo doblar esta varilla y vuelve a recobrar su forma primitiva (*haciendo que la varilla la recuperase*), pero si la doblo más allá de un cierto punto, la varilla se echa a perder, y ya no vuelve a su forma anterior" (*al decirlo, dobló aquélla más allá de su punto de elastici-*

dad, se curvó por el centro y se vio que había perdido toda su flexibilidad). "Esto mismo ocurre con los ojos de sus chiquitines en los salones de clases. Sus ojos aguantan hasta un cierto punto. Más allá, ¡su visión queda definitivamente echada a perder!"

NÚMERO 2. Veamos cómo una cosa tan simple como es una cerilla pasada de moda fue utilizada, con mucho efecto, para dramatizar uno de los aspectos más importantes de un refrigerador nacionalmente famoso. Sosteniendo una cerilla en la mano, ante la cliente, el vendedor explicó: "Señora Hootnanny, nuestro refrigerador es absolutamente silencioso... tan silencioso como esta cerilla mientras arde."

NÚMERO 3. La mayoría de los vendedores creen necesario de vez en cuando enseñar cifras a sus clientes. He comprobado que es más efectivo, muchísimo más, hacer que sea el mismo cliente quien saque los números. Me limito a decir: "Señor Henze, ¿quiere escribir los números que le voy a decir?" He advertido que así le concede mayor atención; que concentra su interés; que casi no puede distraerse. ¡Está trabajando su propia idea! Lo comprende mejor. Se convence a sí mismo con sus mismas cifras. En otras palabras, le hago entrar en acción. Posteriormente cuando llegamos al cierre, le hago sumar a él. Vuelvo a decir, "Señor Henze, ¿quiere escribir esto?" Luego, repito el resumen en pocas palabras: Número uno... Número dos... Número tres... Número cuatro... Es un climax natural. ¡Él mismo me está ayudando a cerrar la venta!

NÚMERO 4. Durante una conferencia sobre ventas que estaba yo pronunciando una noche en Portland, Oregon, un distribuidor de tejidos de lana me vio dramatizar a un "cliente" un nuevo tipo de cepillo para los dientes. Colocando un gran cristal de aumento en la mano del "cliente", le alargué el cepillo del tipo ordinario y el nuevo. Luego, le dije: "Ponga esos dos cepillos debajo de la lupa, mírelos, y vea la diferencia." Este vendedor de tejidos había estado perdiendo por culpa de los competidores, que vendían una tela de calidad inferior; él no había sido capaz de convencer a sus clientes de que una buena calidad representaba una verdadera economía. Después de mis palabras, decidió llevar una lupa en el bolsillo para emplearla de igual modo que lo había hecho yo. "Quedé asombrado," me decía posteriormente, "de lo fácil que mis clientes reconocieron la diferencia. Mis ventas aumentaron enseguida."

NÚMERO 5. Un camisero de Nueva York me decía que había aumentado sus ventas en un 40 por ciento, después de instalar un cine en su escaparate. La película representaba a un individuo mal vestido que solicitaba un empleo, e inmediatamente le echaban del lugar donde había ido a solicitarlo. El solicitante siguiente, bien vestido, lo conseguía enseguida. *Las buenas ropas son una excelente inversión*, terminaba diciendo la película.

NÚMERO 6. Mi amigo, el doctor Oliver R. Campbell, instalado en el "Aldine Trust Building" de Filadelfia, uno de los dentistas más famosos de esta ciudad, reconoce el valor de la dramatización. Saca placas de Rayos X de la dentadura de sus pacientes, y las proyecta en la pared de su consultorio El paciente se sienta y ve una película de sus dientes y encías. El doctor Campbell me explicó que antes procuraba convencer a los enfermos para que cuidasen su dentadura antes de que fuera demasiado tarde. Desde que inició estas dramatizaciones, consiguió que sus palabras fuesen menos y de mayor efecto.

NÚMERO 7. He aquí una demostración de la cual me sirvo en mi negocio, y que impulsa a la acción. La uso para dramatizar estadísticas, y he comprobado que resulta impresionante entre los hombres adinerados. Dejo una pluma estilográfica negra encima del escritorio de mi prospecto, exactamente delante de él, junto a la pluma coloco una moneda brillante, de plata, y a su lado otra igual, pero más pequeña. Después, pregunto: "¿Sabe usted lo que es esto?" El hombre suele contestar, "No, ¿qué es?" Sonrío, y añado: "esta pluma es *usted* cuando se muera; esta moneda grande representa lo que usted posee ahora; la pequeña es lo que usted dejará a su esposa e hijos cuando los herederos hayan pagado impuestos y demás gastos inherentes." Después, agrego: "Señor Mehrer, permítame hacerle una pregunta. Por unos segundos, vamos a suponer que usted ha fallecido el mes pasado. Usted y yo somos los albaceas testamentarios. Tenemos que convertir las tres quintas partes de la herencia en efectivo metálico para pagar estos impuestos. ¿Cómo podemos hacerlo?" ¡Y dejo que hable él!

En los últimos años se ha avanzado enormemente en cuanto a la dramatización se refiere. Se trata de un método francamente incendiario para vender las ideas. ¿Lo han comprendido así?

RESUMEN

"Una demostración vale más que mil palabras." Si es posible deje que sea el propio cliente quien haga esa demostración. Deje que el cliente le ayude a realizar la venta.

30. CÓMO ENCONTRÉ CLIENTES NUEVOS E HICE QUE LOS ANTIGUOS ME AYUDARAN CON GUSTO

EL OTRO DÍA, estuve pensando en cuántos automóviles he comprado en mi vida. Me sorprendí al comprobar que he adquirido treinta y tres.

Permítanme ahora que les haga una pregunta: ¿Cuántos vendedores distintos creen ustedes que me vendieron esos treinta y tres automóviles? Pues exactamente otros tantos. ¿No es sorprendente? Ni uno solo de tales vendedores siquiera una vez, que yo sepa, hizo el menor intento para ponerse de nuevo en contacto conmigo. Estos individuos que parecían tan interesados en mí antes de comprarles, nunca se preocuparon de coger el teléfono y llamarme para ver si todo marchaba bien. Tan pronto hube pagado y ellos cobrado su comisión, pareció que, de repente, se habían desvanecido de la capa terrestre.

¿Es raro esto? Escuchen, he preguntado a más de quince mil personas —entre los auditorios de todo el país— si alguien había pasado por esa misma experiencia, y más de la mitad se apresuraron a levantar la mano.

¿Demuestra esto que vender automóviles es diferente que vender cualquier otra cosa? ¿Es que el vendedor de automóviles olvida antes al cliente, y dedica su tiempo a la busca de otros clientes nuevos? Bueno, he aquí el lema que una gran organización de ventas ha dado a sus vendedores: *No olvidar nunca a un cliente; no dejar que el cliente nos olvide.*

Sí, lo han adivinado. Es una empresa que vende automóviles. La "Chevrolet Motor Company". Al adoptar este lema, ascendieron hasta colocarse en el primer lugar en ventas en comparación con todos los demás fabricantes de automóviles del mundo, y en ese puesto han permanecido durante trece años de los quince últimos, cosa que puede comprobarse a la vista de los números.

DEMUÉSTRESE CARIÑO POR LA PROPIEDAD AJENA

Me parece estar en lo cierto al decir que todo el que compra gusta de la cortesía, atención, y servicio. Por eso no perderemos tiempo discutiéndolo. Seamos francos, y considerémoslo enteramente desde el punto de vista egoísta.

Volviendo atrás la vista y considerando toda mi actuación como vendedor, el mayor pesar que tengo es no haber gastado el *doble* de tiempo en visitar, estudiar y servir los intereses de mis clientes. Y conste que lo digo literal y sinceramente. Podría sacar cien ejemplos ahora mismo de mis archivos y demostrar que hubiese ganado más desde el punto de vista económico, con menos desgaste nervioso, menos esfuerzo físico... y mayor satisfacción.

Sí, señor, si tuviese que volver a vivir, adoptaría como propio ese lema y lo colocaría en la pared frente a mi escritorio: *No olvidar nunca a un cliente; no dejar que el cliente nos olvide.*

Hace años compré una casa más bien grande. Me gustaba muchísimo el sitio, pero me costó tanto que después de cerrar el trato empecé a pensar si no habría cometido un error. Así pues, sentí bastante preocupación. Dos o tres semanas después de habernos trasladado al nuevo hogar, me telefoneó el agente-vendedor de fincas y dijo que deseaba verme. Era un sábado por la mañana. Cuando llegó, sentía yo una verdadera curiosidad. Bueno, pues se sentó y me felicitó por mi inteligencia al haber escogido aquella casa. Luego, me explicó muchas cosas acerca del lugar y me hizo una historia interesantísima de la región circundante. Después, me llevó a dar un paseo por toda aquella zona, me señaló varias casas encantadoras y me dijo el nombre de los propietarios. Algunos eran personas prominentes. Hizo que me sintiera orgulloso de mi adquisición. Ese vendedor demostró incluso *más* entusiasmo y cariño por mi propiedad que cuando trataba de vendérmela. Y téngase en cuenta que todo su entusiasmo era refiriéndose a *mi propiedad*.

Su visita me tranquilizó y pensé que no había cometido una equivocación, por cuya razón me sentí feliz. Le quedé agradecido. Es cierto, esa mañana sentí un gran afecto por aquel hombre. Nuestra relación iba más allá de la existente entre vendedor y comprador. Nos hicimos amigos.

Esto le costó toda una mañana del sábado que pudo dedicar a visitar un prospecto nuevo. Sin embargo, aproximadamente una semana después, le fui a ver y le di el nombre de un íntimo amigo mío que mostraba gran interés por una casa cerca de la mía. Mi amigo no llegó a adquirirla, pero al poco tiempo, el vendedor encontró lo que aquél quería exactamente y obtuvo una buena venta.

Una noche, en St. Petersburg, Florida, hice referencia a este asunto. La noche siguiente, un señor de los que formaban el auditorio se me acercó y me refirió lo siguiente:

"Esta mañana, una anciana menudita entró en nuestro establecimiento y se puso a contemplar un hermoso broche de diamantes. Finalmente, lo compró y extendió el cheque correspondiente. Mientras le envolvía el estuche, pensé lo que usted dijo acerca del "cariño a la propiedad *ajena*". Al entregarle el paquete, me puse a ensalzar más el broche que cuando se lo estaba vendiendo. Le dije lo mucho que me encantaba la joya, que esos diamantes eran los mejores que teníamos en la tienda, que procedían de una mina de África del Sur considerada como la mayor y mejor del mundo, y que esperaba viviese muchos años para usarlo y disfrutarlo.

"Mire usted, señor Bettger", añadió, "los ojos se le llenaron de lágrimas, y dijo que se sentía muy feliz... porque había empezado a preocuparse, y a pensar si no era una locura haber gastado tanto dinero en una joya para ella." La acompañé hasta la puerta, le di sinceramente las gracias, y le rogué que viniese a vernos alguna vez. Al cabo de una hora, esa misma anciana regresaba acompañada por otra dama de edad parecida que estaba hospedada en el mismo hotel. Me presentó a su amiga y se expresó como si yo hubiese sido su propio hijo. Acto seguido, me rogó que les enseñara la tienda. La segunda señora no compró un objeto tan caro como la primera, pero también adquirió algo. Y cuando las dejé en la puerta, comprendí que había hecho dos buenas y nuevas amigas.

Nunca sabe uno lo que puede suceder. Hace años, una señora anciana entró en una gran tienda. Iba modestamente vestida, y los empleados no le hicieron caso alguno, a excepción de un joven que no sólo la atendió cortésmente, sino que le llevó los paquetes hasta la misma puerta del establecimiento. Viendo que llovía, le abrió el paraguas, la tomó del brazo y la condujo hasta la esquina donde la ayudó a subir al trolebús. Pocos días después, el gerente de la empresa recibía una carta de Andrew Carnegie dando las gracias por las atenciones tenidas con su madre. Y enviaba un pedido para el mobiliario de una nueva casa que acababa de comprar.

¿Les interesa saber qué fue de aquel joven empleado que tan amablemente se comportó con una cliente? Pues actualmente es el gerente de una gran tienda en una importante ciudad del Este.

Hace algún tiempo, pregunté al señor J. J. Pocock, uno de los mayores distribuidores de "Frigidaires" del país, Calle Chestnut número 1817, Filadelfia: "¿Cuál es su mejor fuente de nuevas ventas?" El señor Pocock contestó mi pregunta con una sola palabra: "Clientes". Acto seguido añadió algo con un énfasis significativo que nunca olvidaré. Y lo respaldó con detalles tan rotundos, que, al mismo día siguiente, me puse a probar si servirían para mí. Fue cosa mágica. Siempre sirven. ¡No puede fallar! He aquí lo que me había dicho el señor Pocock:

"Los clientes nuevos son la mejor fuente para ventas nuevas. ¡Los clientes nuevos!"

Le pregunté la razón. Y me respondió: "Los nuevos clientes están entusiasmados y felices con su nueva adquisición, representa el uso de algo conveniente y nuevo. Suelen mostrarse excitados y orgullosos con la compra. Sienten deseos de hablar de ella a sus amigos y vecinos. Nuestro vendedor hace una visita de cortesía, a la semana más o menos de haber instalado nuestros artículos eléctricos. Averigua si el nuevo cliente está satisfecho con su refrigerador, o con lo que sea. Hace sugerencias, y se brinda a ayudarles. Pueden lograrse más prospectos buenos de estos compradores nuevos que de nadie más."

El señor Pocock me refirió algunos experimentos hechos por su compañía en diversas regiones del país. Los resultados fueron constantemente los mismos. Por ejemplo, en una típica ciudad del Oeste Medio, de 55 compradores nuevos a los que se preguntó, pudo saberse que los vendedores sólo habían hecho visitas de cortesía a 17. Ocho de entre esos 17 dieron a los vendedores los nombres de prospectos a quienes visitaron y vendieron artículos por valor de 1,500 dólares. Sólo esas visitas inmediatas habían producido 1,500 dólares. Pero fíjense en esto: Si *los 55 nuevos clientes* hubiesen sido visitados enseguida, ¿qué habría ocurrido? Veámoslo en cifras: 1,500 dólares : 17 visitas = 90 dólares por visita. 90 dólares por 55 = 4,900 dólares.

El señor Pocock añadió: "La experiencia me ha enseñado esta lección: *¡Cuando les venda algo, no los olvide!*"

He aquí otra cosa significativa que me refirió: "Más de la mitad de los compradores a los cuales interrogamos, nos dicen que fue un pariente o un amigo quien primero los hizo interesarse por el artículo vendido."

Lo último que me dijo el señor Pocock fue: "Si usted se preocupa por sus clientes, ellos también se preocuparán por usted."

Durante muchos años he llevado una carta en el bolsillo. Raramente deja de producirme una o más "pistas" allí donde la empleo. Con una ligera alteración, acaso también ustedes puedan utilizarla.

Sr. William R. Jones
Real Estate Trust Building
Filadelfia, Pa.

Querido Bill:

Deseo que conozcas a Frank Bettger. En mi opinión es uno de los más calificados vendedores de seguros de vida que hay en Filadelfia. Disfruta de toda mi confianza, y he obrado de acuerdo con las sugerencias que me ha hecho.

Tal vez tú no pienses en hacerte un seguro de vida, pero sé que te beneficiará escuchar al señor Bettger, porque es persona de ideas muy constructivas y sabe de servicios que serán provechosos para ti y tu familia.

Sinceramente,

Bob

Permítanme indicarles cómo utilicé recientemente esta carta. Leí en el periódico matutino que unos amigos míos, "Murphy, Quigley Company", importantes contratistas-constructores, habían recibido un encargo de gran interés. Al cabo de veinte minutos, ya tenía a Robert Quigley en el teléfono y hacía una cita con él. Al entrar en el despacho privado del señor Quigley, le dediqué una sonrisa amplia y cariñosa, al tiempo que exclamaba:

—¡Mis felicitaciones, Bob!

—¿Por qué? —inquirió, estrechándome la mano.

—Acabo de leer en el *Inquirer* de esta mañana que se os ha dado el contrato para el nuevo edificio del "U. G. I. Building".

—¡Ah, gracias! —contestó, sonriente. ¿Se sentía complacido? ¿Qué otra cosa podía estar? Le rogué que me contase detalles. ¡Le escuché atentamente!

Finalmente, dije:

—Estucha, Bob, para hacer ese trabajo vais a necesitar emplear a varios sub-contratistas, ¿no es cierto?

—Claro —replicó.

Saqué inmediatamente mi carta de presentación. Se la tendí y dije:

—Bob, probablemente ya habéis prometido el trabajo a algunos de los sub-contratistas que acostumbráis a utilizar, ¿no es así?

—Sí, a un par de ellos —exclamó, haciendo un guiño.

Cuando acabó de leer mi carta, preguntó:

—¿Qué quieres de mí, que escriba esta carta en nuestro papel membretado y dirigida a esos amigos?

Salí del despacho con cuatro cartas de recomendación para el instalador de la fontanería, de la calefacción, de la electricidad, y para el pintor.

No siempre es conveniente para una persona darme una carta semejante, de manera que llevo conmigo tarjetas de 4 por 2 y media pulgadas iguales a esta:

A *Herbert E. Doerr*

PRESENTANDO A

FRANKLIN L. BETTGER

Harry Schmidt

Mi amigo escribe el nombre del prospecto en la parte alta de la cartulina, acto seguido, firma en la inferior.

Si tiene alguna duda, digo: "Escuche, si su amigo estuviese aquí ahora mismo, ¿usted no dudaría en presentarme, verdad?"

Suele contestar: "No, claro que ·no." Entonces, ·sin más, llena la tarjeta. A veces hasta me da unas cuantas.

Hay ocasiones en que se niegan a darme el nombre de alguien. Hace aproximadamente un año que un cliente mío, hombre bastante excitable, me respondió así:

—¡No le enviaría a ver ni a mi peor enemigo!

—¿Por qué? —quise saber.

—Escuche, Bettger —prosiguió—. Odio a los vendedores de seguros. Me fastidia verlos entrar aquí. Si alguno llegase a verme y me dijera que le mandaba uno de mis amigos, me sentiría sumamente molesto. Y llamaría al que le enviaba y se lo diría claramente. ¡Cualquier cosa, menos un agente de seguros!

Se estaba mostrando brutalmente sincero. Pero me las arreglé para esbozar una sonrisa, y repliqué:

—Está muy bien, señor Blanck, creo entender lo que le ocurre. Le diré lo que voy a hacer. Deme el nombre de algún conocido suyo, que tenga menos de cincuenta años y esté ganando dinero. Le prometo no mencionar jamás *su* nombre.

—Bueno —respondió—, sobre esa base, vea si puede encontrar la manera de entrevistarse con Carroll Zeigler, fabricante de instrumental quirúrgico, cuyo despacho se halla en el 918 N. de la Calle 19, tiene cuarenta y un años aproximadamente, y le va muy bien en el negocio.

Le di las gracias por la indicación, y nuevamente prometí no usar su nombre.

Me fui directamente a ver al señor Zeigler. Al entrar en su oficina, dije:

—Señor Zeigler, me llamo Bettger. Trabajo en el asunto de los seguros de vida. Un amigo mutuo me ha dado su nombre, pero no debo decir quién es. Me ha dicho que le está yendo a usted muy bien en sus negocios, y que probablemente sería interesante que le hablase. ¿Puede dedicarme ahora mismo cinco minutos, o prefiere que le visite en cualquier otro momento?

—¿De qué desea hablarme? —preguntó.

—De *usted* —fue mi respuesta.

—¿De mí? Si se trata de algún seguro, es cosa que no me interesa.

—Perfectamente bien, señor Zeigler —agregué—, no deseo hablarle hoy de seguro alguno. ¿Puede concederme cinco minutos?

Accedió a una entrevista de cinco minutos nada más. En ese tiempo pude lograr que me diera todos los informes que me eran precisos.

Desde entonces, tres ventas le he hecho al señor Zeigler, las cuales representan una suma bastante importante. Y he aquí una cosa extraña: Nos hemos hecho buenos amigos, sin embargo nunca me ha preguntado quién me envió a verle.

¿Cuál es el mejor momento para seguir una "pista" señalada? ¿Al cabo de seis días? ¿O de seis semanas? Creo que lo mejor es a los seis minutos, o tan pronto como me sea posible presentarme en el lugar indicado. ¡Una pista nueva está fresca todavía! Si no voy inmediatamente, mientras aun me siento animoso, paso después la nota a mi archivo y pierdo interés en el asunto. Cuando saco el dato en una fecha posterior, me ocurre exactamente lo que suele decir John Lord, uno de los mejores vendedores de mi compañía: "Parece una rebanada de pan rancio."

Nunca sabemos lo que puede haber detrás de una de estas indicaciones o "pistas". Muchas veces, el amigo que nos la facilita está enterado de alguna circunstancia momentánea que no está en libertad de descubrir.

APRECIO

Esta es una cortesía que he comprobado ser tan importante como procurarse el nombre de un prospecto. Suceda lo que quiera, bueno o malo, siempre informo a la persona que me dio una prueba de confianza al facilitarme el informe. Dejar de hacerlo es ofenderle con toda certeza. Es posible que no llegue a mencionarlo nunca, pero siempre tendrá clavada esa espina. Me consta. He desempeñado los dos papeles, y he experimentado esa reacción desfavorable igual como donante que como recipiendario de una recomendación.

Lo que es más, cuando informo haber hecho una venta, y doy muestras de agradecimiento, mi recomendante parece sentirse tan feliz como yo mismo. Si no consigo realizar la venta, informo asimismo, y digo exactamente lo sucedido. Es sorprendente con cuanta frecuencia esa persona me indica otra pista que suele ser mejor.

Recientemente estuve comiendo con el presidente de un gran banco de una ciudad del Oeste. Me obsequió una copia de la carta que han encontrado más efectiva en cuanto a de-

mostrar aprecio a sus clientes que han llevado sus amigos a
este banco:

Querido señor Brown:

Quiero expresarle nuestro gran agradecimiento
por haber traído al señor Smith a nuestro banco. El
espíritu de amistad y cooperación demostrado por
usted al presentar al señor Smith y otros amigos al
"First National Bank" nos ha producido un gran
placer. Siempre nos encontrará deseosos de prestarle los servicios que usted y sus amigos puedan
necesitar de nosotros.

Sinceramente suyos,

Hace muchos años, quedé fascinado al ver que Willie Hoppe ganaba el campeonato de billar del mundo. Me sorprendió enterarme del tiempo que se había pasado estudiando pequeñas carambolas que hasta yo mismo sabía hacer. Bien pronto averigüé que no eran estas carambolas sencillas lo que estuvo estudiando; buscaba la postura adecuada para la caram-
bola siguiente y acaso una docena más. El opositor de Hoppe
parecía ser un jugador tan bueno como él, pero con demasiada
frecuencia dejaba mal colocadas las bolas para la jugada siguiente.

Ahora comprendo perfectamente cómo le fue posible conseguir aquel increíble campeonato mundial a base de hacer
más de 15 millones de puntos en sus jugadas de billar. Tenía
ese título a los cuarenta y tres años. ¡Traten de equiparar ese
campeonato en cualquier otro deporte!

La gran lección aprendida esa noche, de Willie Hoppe, y
que permanecerá imborrable en mi memoria, es esta: *Es tan
importante saberse colocar para la jugada siguiente en las ventas, como en el billar.* ¡En realidad es la sangre que da vida
a nuestro negocio!

Robert B. Coolidge, vicepresidente de la "Aetna Life Insurance Company" de Hartford, Connecticut, lo expresaba de esta manera, según le oí decir: "La visita a los prospectos es como el afeitado. . . si no es lo primero que uno hace todos los días, acaba siendo un mendigo."

RESUMEN

1. "No olvidar nunca a un cliente; no dejar que el cliente nos olvide."

2. "Si se preocupa por sus clientes, también ellos se preocuparán por ustedes."

3. Demuestre cariño por *SU* propiedad.

4. ¡Los clientes nuevos son la mejor fuente de negocios nuevos... los *nuevos* clientes!

5. ¿Cuál es el mejor momento para seguir una "pista" señalada? ¿Al cabo de seis días? ¿O de seis semanas?... Seis *minutos,* me parece *mejor.*

6. Nunca debe dejarse de mostrar aprecio por una pista. Infórmese acerca de los resultados, sean buenos o malos.

7. Tómense posiciones para la jugada siguiente.

31. SIETE REGLAS QUE EMPLEO PARA CERRAR UNA VENTA

YA RECORDARÁN ustedes que me encontraba tan descorazonado un sábado por la mañana, que estuve a punto de abandonar el negocio, y lo habría hecho si no se me hubiese ocurrido la idea de ir a la raíz de mis preocupaciones y averiguar a qué se debía todo.

Empecé por preguntarme: *"¿Cuál es el problema?"* Era este: Que mis beneficios no compensaban el gran número de visitas que hacía. Todo marchaba bien, mientras preparaba la venta, pero a la hora de cerrarla, el prospecto solía decirme: "Bien, voy a pensarlo, señor Bettger. Venga por aquí a verme, otro día." Era el tiempo perdido en estas visitas lo que originaba mi depresión.

Segunda cosa que me pregunté: "¿Cuáles son las soluciones posibles?" Buscando la respuesta saqué mi libreta de notas de los doce meses últimos y estudié los hechos. ¡Hice un descubrimiento asombroso! El setenta por ciento de mis ventas se había cerrado en la primera entrevista. El veintitrés por ciento había quedado cerrado en la segunda. Y sólo el siete por ciento en la tercera, cuarta, quinta, etc. Dicho de otro modo, estaba perdiendo la mitad de mi trabajo diario en asuntos que sólo me rendían un siete por ciento. La respuesta era obvia. Inmediatamente corté todas las visitas que exigieran más de dos visitas, y empleé el tiempo extra en buscar nuevos prospectos. Los resultados fueron increíbles. Bien pronto aumenté el valor en metálico de cada visita, pasando de 2.60 dólares a 4.27 cada una.

Ahora bien, ¿serviría esta misma conclusión en lo que hace a las ventas de otro artículo cualquiera? Probablemente ya habrán contestado ustedes esta interrogación. Permítanme darles un ejemplo, de todos modos. Durante dos años, una gran empresa industrial estuvo haciendo un estudio de los informes que rendían todos sus vendedores. Se quedaron atónitos al encontrarse con que el 75 por ciento de las ventas realizadas por aquéllos se hacía *después* de la quinta visita. Pero fíjense en esto: descubrieron también que el 83 por ciento de algunos vendedores dejaba de visitar nuevamente a los prospectos que no compraban *antes* de la quinta entrevista.

¿Qué prueba todo esto? Pues la importancia de llevar un registro completo, y estudiarlo regularmente. Su enorme valor, tanto para el vendedor como para la compañía, ha quedado tan evidentemente probado que no sé por qué los jefes de ventas no lo hacen *absolutamente obligatorio*

Aunque el descubrimiento realizado me facilitó para duplicar mis ingresos eliminando todas las visitas que pasaran de la segunda entrevista, los números demostraban también que sólo cerraba una de cada doce efectuadas. Aun no sabía yo cómo forzar al prospecto a tomar una decisión.

Posteriormente, una noche tuve la buena fortuna de escuchar al doctor Russell H. Conwell, fundador de la Universidad de Temple, quien pronunció una conferencia en la Central de la "Y.M.C.A." de Filadelfia. Su tema era "Las Cuatro Reglas de un Buen Discurso." Ya en el resumen de su inspirada conferencia, el doctor Conwell dijo: "Número Cuatro. ¡Llamamiento a la Acción! Aquí es donde caen tantos conferencistas que, sin embargo, son buenos. A la larga consiguen atraer el mundo a su causa, pero fracasan en cuanto al apoyo de su auditorio. Le han distraído, le han entretenido; pero no le han *vendido* nada."

¡Llamamiento a la Acción! Ahí es donde fallé. Empecé a leer todo cuanto pude encontrar respecto al cierre de la venta. Pude comprobar que sobre este tema se había escrito más que acerca de ningún otro aspecto de las ventas. Hablé con los más destacados vendedores y averigüé cuanto ellos pudieran saber en cuanto se refiriese al llamamiento a la acción. Fuera de esto, y otras cosas que la propia experiencia se ha encargado de enseñarme, he aquí las siete reglas más importantes a las que debo el éxito que he podido lograr en cuanto respecta a impulsar a la gente a tomar una decisión:

1.—RESERVA DE LOS PUNTOS DE CIERRE, PARA EL FINAL.

En mi ansiedad por vender, había estado utilizando los puntos de cierre con demasiada anticipación en la entrevista. Aprendí que el promedio de ventas recorre *cuatro* peldaños: (1) Atención, (2) Interés, (3) Deseo, (4) Cierre.

Cuando comencé a reservarme los puntos de cierre, para el final, mi actitud sirvió para que el prospecto juzgara mi plan en forma más clara. Le evitaba tener que pensar en ofrecer resistencia a la venta en ciernes. ¡Luego, cuando llegaba el momento de la acción, siempre tenía yo algo preparado para excitarle! Mis puntos fuertes eran más seguros; tenían mayor fuerza. En lugar de esforzarme para aparentar entusiasmo, tenía en ocasiones que dominarlo. Y observé que esa *excitación contenida* es más efectiva para levantar el entusiasmo del prospecto al cerrarse la venta.

2.—RESUMIR.

Descubrí que un buen resumen proporciona la mejor base para provocar el clímax en la venta. ¿Debe ser muy largo este resumen? Una prueba magnífica es la empleada por un maravilloso jefe de ventas. Obliga a cada uno de sus vendedores a resumir las ventajas de su producto mientras sostiene entre los dedos una cerilla encendida. Como es lógico, el resumen tiene que ser forzosamente breve.

Lo he encontrado todavía más efectivo cuando puedo conseguir que el resumen lo haga el propio comprador. Esto le hace entrar en acción. Digo: "¿Quiere escribir esto?" Luego, le repito el resumen con las menos palabras posibles: "Número Uno... Número Dos... Número Tres... Número Cuatro..." Es un clímax natural en el que se hace que el comprador marche al compás con el vendedor, conduciéndole de esta forma allí donde está el cierre de la venta.

3.—UNA FRASE MÁGICA.

Después de presentado y resumido el plan, miro al prospecto y exclamo: "¿Le agrada?"

Es sorprendente la frecuencia con que contesta: "Me parece que sí." Presumo que esto significa que va a comprar, de manera que ya no aguardo más. Comienzo a formular las preguntas necesarias y escribo sus contestaciones en el impreso de la solicitud. Siempre principio con preguntas de poca importancia. Tan pronto como él inicia las contestaciones, raramente se vuelve atrás. Cuando hay alternativas en el plan, dejo que las escoja.

Creo importante mencionar aquí, que durante la presentación, procuro obtener un par de "sí" del prospecto. Por ejemplo, luego de haberle señalado un buen aspecto del plan, pregunto: "¿No cree usted que esta es buena idea?" Normalmente suele asentir y exclamar, "Sí".

4.—BIENVENIDAS LAS OBJECIONES.

Me costó mucho tiempo comprender que los mejores prospectos son aquellos que presentan objeciones. Me sorprendí al saber que muchas de las objeciones con las cuales me consideré eliminado, fueron realmente indicaciones o señales de compra. Por ejemplo: "No me es posible... Véame en enero... Véame en la primavera... Deseo pensarlo un poco más... Es excesivamente caro... Puedo hacer algo mejor que eso."

Supe que las objeciones como esas *no* significan negativas. Por ejemplo: Si la objeción es: "No me es posible", me está diciendo que sí lo *quiere*. De forma que el problema único entonces está en demostrarle la manera sencilla que tiene de pagarlo. Es raro que a la gente le moleste que un vendedor sea testarudo y persistente, si se expresa en términos de interés para ella. En realidad, se le admira y respeta por ello.

5.—¿POR QUÉ...? ADEMÁS DE ESO...

Tengo que volver a referirme a la frase: "Además de eso". Ésta me la reservo como triunfo final para jugarla en el último momento. Utilizo el "¿por qué?" durante toda la entrevista, en diversas formas.

Voy a permitirme citar el ejemplo de una venta que me refirió un vendedor de Chattanooga, Tennessee, el cual asistió a nuestro curso de conferencias, hace varios años. Este vendedor había llegado a esa parte de la entrevista en que el prospecto dice: "Bueno, no voy a hacer nada ahora... venga a verme para el otoño... pasado el quince de septiembre."

"Esto era lo que yo había estado esperando", me explicó el vendedor.

Fíjense bien ahora en el desarrollo de esa conversación, que acabó en una venta:

PROSPECTO: ...Véame después del quince de septiembre.

VENDEDOR: Señor Carroll, ¿si su jefe le llamara mañana por la mañana a su despacho y le ofreciera aumentarle el sueldo, usted no le diría: "No, véame después del quince de septiembre", verdad?

PROSPECTO: No, claro que no. Pensaría que me había vuelto loco.

VENDEDOR: Pues bien, ¿no es eso prácticamente lo mismo

que me está diciendo ahora a mí? Escriba aquí su nombre (*indicando la línea punteada*) exactamente como figura en la parte alta, y para el quince de septiembre habrá sabido cosas de gran interés.

PROSPECTO: (*tomando el impreso de la solicitud*) Déjeme esto y todos esos folletos. Voy a pensarlo, y le contestaré la semana próxima.

·VENDEDOR: ¿Por qué no firma ahora?

PROSPECTO: Es que no debo hacerlo ahora...

VENDEDOR: ¿Por qué?

PROSPECTO: Bueno... no me es posible.

VENDEDOR: (*pausa*) ...¿Además de eso, no existe alguna reserva mental en usted?... ¿No hay alguna otra cosa que le impida tomar esta importante decisión?

PROSPECTO: No, esa es la única. Siempre ando corto de dinero.

VENDEDOR: Señor Carroll, *si usted fuese mi propio hermano, le diría exactamente lo mismo que voy a decirle ahora.*

PROSPECTO: ¿Qué es ello?

VENDEDOR: ¡Escriba su nombre ahora aquí, y que entre en vigor el seguro!

PROSPECTO: ¿Cuál es la cantidad mínima que puedo pagarle en este momento, y cuánto habré de abonar mensualmente?

VENDEDOR: Fije usted mismo lo que puede pagar ahora, y le diré si es posible.

PROSPECTO: ¿Estaría bien 25 dólares ahora y 10 mensuales?

VENDEDOR: Trato hecho. Escriba aquí su nombre (x...) y habrá dado el primer paso.

PROSPECTO: (*firma el impreso de solicitud*).

6.—PEDIR AL PROSPECTO QUE FIRME SU NOMBRE AQUÍ.

X..

Acostumbro a llevar siempre marcado con una "X" a lápiz, el lugar donde debe firmar el prospecto. Simplemente le tiendo mi pluma, e indicando la gran "X", digo: "¿Quiere escribir su nombre aquí exactamente como figura en la parte alta?" Cuando es posible, ya tengo lleno todo el impreso de solicitud. Al menos, siempre procuro poner su nombre y dirección en la parte de arriba.

7.—CONSEGUIR EL CHEQUE JUNTO CON LA SOLICITUD. NO TEMERLE AL DINERO.

Los registros de trabajo de todos los vendedores triunfantes demuestran que pedir el dinero junto con la solicitud es uno de los factores más poderosos en el cierre de la venta. El comprador concede así un mayor valor y aprecio al producto o servicio. Una vez que ha pagado, comprende que el producto ha pasado a ser propiedad *suya*. Cuando un prospecto tiene tiempo de reflexionar, suele decidir aplazar la acción, pero jamás me ha ocurrido que un hombre cancele una solicitud o pedido cuando ya ha pagado algo a cuenta.

EL MOMENTO CORRECTO PARA EL CIERRE

¿Cuándo es el momento correcto o acertado para llevar a cabo el cierre? A veces en el primer minuto. ¡Otras se tarda una hora... o dos! ¿Cómo se sabe cuándo es el momento correcto para el cierre? ¿Han visto alguna vez en acción a un gran luchador o boxeador? Joe Louis era uno de los "cerradores" mayores que hayan subido al cuadrilátero. He visto a Joe cerrar tres de sus combates de campeonato. La multitud le vio excitado y sin aliento, porque Joe permanecía en constante alerta probando a su antagonista y en espera paciente de que llegara el momento oportuno. Hubo ocasiones en que ese momento pareció presentarse en el primer *round*. Otras, no se presentaba hasta el décimo o duodécimo asalto. Pero Joe seguía atento a todas las indicaciones de cierre. Él sabía que cada intento le acercaba más al momento preciso. Sin embargo, nunca pareció hallarse excesivamente ansioso de que llegara.

Con años de experiencia, me encontré con que había ido mejorando gradualmente mi procedimiento de venta, y tuve que ir haciendo menos esfuerzos para cerrar la venta. Si mi *acceso* es correcto, si he sido capaz de crear suficiente *interés* y *deseo*, entonces, llegado el momento de la *acción*, el prospecto está preparado y ansioso de comprar.

He intentado simplemente, de un modo breve, explicar cómo utilizo ciertas ideas que me han sido de enorme ayuda, cosas que opino pueden emplearse para cuantos artículos se vendan. Para adquirir un conocimiento más profundo del cierre, puedo, con todo entusiasmo, recomendar el libro de Charles B. Roth, titulado *Los Secretos del Cierre de una Venta*, publicado por Prentice-Hall, Inc., Nueva York.

He mandado copiar a máquina estas siete cosas en una tarjeta de 3 por 5 pulgadas que, por algún tiempo, he llevado constantemente en el bolsillo. En la parte alta de la cartulina, y en letras mayúsculas, llevaba escritas estas palabras:

ESTA VA A SER LA MEJOR ENTREVISTA
QUE HE TENIDO EN MI VIDA

Un momento antes de entrar en el despacho de un prospecto, me repetía interiormente esta frase. Llegó a convertirse en un hábito. E, incluso en la actualidad, la repito con frecuencia.

El *gran* valor de esta tarjeta de 3 por 5 pulgadas, sin embargo, consistía en esto: después de una entrevista infructuosa, miraba la cartulina para ver en qué había estado mi equivocación, o qué era lo que había hecho de modo distinto. ¡Era como una prueba con el ácido!

RESUMEN

RECORDATORIOS DE BOLSILLO

ESTA VA A SER LA MEJOR ENTREVISTA QUE HE TENIDO EN MI VIDA

1. Economizar los puntos del cierre para cuando llegue el momento de cerrar. Los cuatro pasos en el tanteo de la venta, son: (1) Atención, (2) Interés, (3) Deseo, (4) Cierre.

2. Resumir. En cuanto sea posible, dejar que resuma el propio prospecto. ¡Hacerle entrar en *acción!*

3. "¿Le agrada?" En cuanto termino la presentación, formulo esta pregunta. ¡Es cosa mágica!

4. ¡Bienvenidas sean las objeciones! Recordar que los mejores prospectos son aquellos que presentan objeciones.

5. "¿Por qué...?" "¿Además de eso...?" *Por qué* hace hablar al prospecto, plantear sus objeciones. *¿Además de eso?* sirve para averiguar la verdadera razón, o la nota-clave.

6. Pedir al prospecto escribir aquí su nombre.
   X ....

Sacar a tiempo el impreso de la solicitud. Procurar llevar ya escrito cuando menos su nombre en la parte alta del impreso. Nunca se sabrá si la venta ha quedado cerrada como no se tenga firmada la solicitud.

7. Conseguir el cheque junto con la solicitud. *No tener miedo de pedir el dinero.* Los vendedores triunfantes dicen que pedir el dinero es uno de los factores de más importancia en el cierre de la venta.

Observarse a sí mismo *todos los días* para el buen cumplimiento de estas reglas del cierre.

Aplicarlas hasta que se conviertan en costumbre.

32. LA TÉCNICA SORPRENDENTE PARA CERRAR UNA VENTA, QUE ME ENSEÑÓ UN MAESTRO VENDEDOR

NOTA DE LOS EDITORES: (*¿Qué le dicen ustedes a un prospecto cuando pretenden lograr su decisión final? El señor Bettger revela aquí una técnica que le facultó para cerrar muchas ventas.*)

EN 1924, APRENDÍ de un gran vendedor llamado Ernest Wilkes una técnica sorprendente para el cierre de la venta. En la época de realizar su descubrimiento, el señor Wilkes se hallaba en deuda con la "Metropolitan Life Insurance Company" de San Francisco, California, y cobraba primas de diez y quince centavos semanales a los tenedores de pólizas-industriales. Como vendedor estaba muy bajo. Su pequeño sueldo y las comisiones apenas le bastaban para alimentar y vestir a su esposa e hijos, no quedándole nada para sí. Sus ropas estaban ajadas y le estaban muy mal; las mangas de su chaqueta y camisa se hallaban deshilachadas.

La principal dificultad de Wilkes para las ventas, según me dijo, consistía en que todo se le venía abajo en la primera entrevista, cuando el prospecto le decía: "Déjeme todos estos informes, y ya lo pensaré. Venga a verme la semana próxima."

"Cuando regresaba a verle", siguió diciéndome Wilkes, "nunca sabía qué añadir porque ya se lo había dicho todo en la primera entrevista. La respuesta era invariablemente·la misma: "Bueno, señor Wilkes, ·lo he pensado· bien y ahora no me es posible hacer nada... lo dejaremos hasta el año que viene."

"Entonces, un día, se me ocurrió la gran idea", exclamó Wilkes, presa de gran excitación. "¡Fue cosa de magia! ¡Con ella empecé a cerrar ventas cuando regresaba para la segunda entrevista!"

Al oírle explicar su método no me pareció acertado. Sin embargo, me hice a la idea de probarlo. A la mañana siguiente, fui a visitar a un constructor llamado William Eliason, en el "Land Title and Trust Building" de Filadelfia. Diez días antes, había presentado un plan al señor Eliason, y me había contestado: "Déjemelo aquí y venga dentro de un par de semanas. Voy a estudiar también los planes que me han traído otras compañías."

Me atuve exactamente a las instrucciones del señor Eliason. He aquí lo que ocurrió: primero, llené todo el impreso de la solicitud antes de hacer la visita, con todos cuantos informes tenía, tales como el nombre completo, negocio, dirección de su domicilio particular y de la oficina, y también el importe del seguro que, según él, deseaba adquirir. Luego, puse una X bien grande en la línea punteada donde tenía que firmar.

Wilkes consideraba esta "X" como muy importante.

X ....

Firma del solicitante.

Al entrar en el antedespacho, vi que la puerta del privado del señor Eliason se encontraba abierta. Él estaba sentado detrás del escritorio. No encontré ninguna secretaria o empleado. El hombre alzó la vista y me reconoció. Movió la cabeza en ademán negativa, y movió la mano como diciéndome "¡adiós!"

Siguiendo mis instrucciones a la letra, continué caminando hacia él, con cara muy seria. (*Este es un momento en que la sonrisa no va bien.*) El señor Eliason dijo en tono agrio:

"No. No voy a hacer nada. He decidido dejar ese asunto. Puede ser que lo haga dentro de seis meses."

Mientras hablaba, saqué tranquilamente la solicitud del bolsillo, la desdoblé, sin dejar de caminar hacia él. Cuando estuve a su lado, la puse encima de la mesa, exactamente delante de él.

Entonces, dije las primeras palabras que Wilkes me había indicado:

—¿Es correcto eso, señor Eliason?

Mientras él leía, saqué la pluma del bolsillo del chaleco, la preparé para escribir, pero seguí sin decir nada más. Él se sentía un poco cohibido. Todo parecía que iba a salir mal.

Levantó los ojos:

—¿Qué es esto, una solicitud?

—No —fue mi respuesta.

—¡Claro que lo es! Aquí arriba dice "Solicitud" —añadió, señalando el lugar con el dedo.

—No será una solicitud mientras usted no haya firmado aquí —exclamé. (*Mientras hablaba, le tendí la pluma, y coloqué mi dedo índice junto a la línea punteada.*)

Hizo exactamente lo que Wilkes me había anunciado que haría... ¡tomó de mi mano la pluma sin que al parecer se diese cuenta de que lo hacía! Más silencio en tanto iba leyendo. Finalmente, se levantó del asiento, fue despacio hasta la ventana, y se apoyó en la pared. Tenía que haber leído hasta la última palabra escrita en el papel. Durante todo este tiempo hubo un silencio completo. Seguramente habían transcurrido cinco minutos cuando retornó a su escritorio, se sentó, y empezó a firmar con mi pluma. En tanto iba escribiendo, murmuró: "Me parece que lo mejor será firmar esto. ¡Si no lo hago, mucho temo que pudiera morirme!"

Con el mayor esfuerzo para dominar mi voz, acerté a decir:

—Señor Eliason, ¿quiere darme un cheque por la prima de todo el año, o prefiere pagar ahora la mitad y el resto en seis meses?

—¿Cuánto es? —quiso saber.

—Sólo 432 dólares.

Sacó la libreta de cheques de un cajón del escritorio, le lanzó una ojeada y dijo:

—Bueno, bueno, mejor será que lo pague ahora; si no, dentro de seis meses puedo estar sin dinero.

Al entregarme el cheque y mi pluma, hube de esforzarme para no empezar a dar gritos. ¡El milagroso cierre descubierto por Ernest Wilkes, y que parecía tan irrazonable, demostró ser lo más natural del mundo!

Jamás se ha enfurecido nadie conmigo por haberlo intentado. Y cuando falla, nunca me impide regresar posteriormente para procurar cerrar la venta.

¿Qué psicología hay detrás de esto? No lo sé. Tal vez sea ésta: uno hace que la mente del hombre se concentre en la idea de que *tiene que firmar*... no en la de rehusarse. Todas las ideas tienden a hacerle entrar en acción.

Si el prospecto entiende claramente la proposición que se le ha hecho, y uno cree que en su interés está el actuar, ¿por qué ponerse a pensar en la segunda entrevista? ¿Por qué no lanzar la pelota de una vez?

Si bien este cierre está calculado para emplearse en la entrevista final, creo que muchas veces la venta está ya hecha en la primera visita, pero nosotros no nos damos cuenta. Frecuentemente, utilizando esta técnica, he podido cerrar ventas en la primera entrevista, cuando antes abandonaba el asunto.

Voy a referirles una extraña experiencia. Después de haber estado empleando este procedimiento durante casi tres años, una gran institución financiera me hizo determinada oferta. Era, por cierto, bastante halagadora. Al final de la primera entrevista, quedó acordado que yo lo pensaría, y se fijó una segunda plática para diez días después. Durante ese tiempo, hablé con diversos amigos, hombres de alguna edad y con gran experiencia. Finalmente, mi decisión fue declinar el ofrecimiento.

Al ser introducido diez días después, por un gerente de la compañía, en un atractivo despacho, *vi mi contrato colocado encima de su escritorio, exactamente enfrente del lugar donde yo debía sentarme.* Estaba redactado por entero, y llevaba mi nombre; al pie había un hermoso sello dorado y una "X" en la línea punteada ¡en la que *yo* tenía que firmar!

Pasé un cierto tiempo leyéndolo.

No se habló una sola palabra.

Todas las razones por las cuales había decidido *no* aceptar la oferta se borraron inesperadamente de mi mente. Todas las razones por las cuales *sí* debía aceptar empezaron a danzar por mi cabeza... "El sueldo era muy bueno; podía absolutamente contar con él, estuviese enfermo o sano, en las épocas buenas y en las malas... era una compañía importante y debía asociarme a ella..."

Cuando levanté la vista y empecé a decirle a aquel hombre que había decidido no aceptar su oferta, explicándole mis razones, me parecía estar repitiendo líneas enteras aprendidas de memoria. ¡Pero, para sorpresa mía, permanecía frío! Levantó la mano, estrechó la mía con fuerza, y dijo: "Lo siento, señor Bettger, nos habría gustado que trabajase con nosotros, pero le deseo la mejor suerte del mundo, y espero que sea feliz y salga triunfante en sus empresas.

¡Lo más extraño ocurrido en esta entrevista fue que no me di cuenta, hasta haber salido de aquel despacho, de que ese hombre había utilizado *exactamente la misma técnica* que venía yo empleando desde hacía tres años, aunque no lo había advertido mientras se estaba desarrollando! Sí, es natural. ¡Incluso había tenido su pluma en mi mano, pero no recordaba que me la hubiera entregado! Aquel hombre se habría quedado asombrado de haber sabido lo cerca que estuve de firmar el contrato. Si él no hubiese abandonado la lucha a la primera tentativa, si hubiera continuado un poco más hablando conmigo. . . *¡Lo habría firmado!*

A propósito, ¿les interesa saber lo que sucedió con Ernest Wilkes, aquel agente de seguros industriales que descubrió esta idea magnífica para efectuar el cierre de ventas, y que en cierta ocasión encontré pobre y mal vestido?

Pues bien, Ernest Wilkes llegó a ser vicepresidente de la corporación mayor del mundo, la "Metropolitan Life Insurance Company". Al sobrevenir su muerte prematura en 1942, estaba ya considerado como el hombre que habría de ocupar la presidencia de esa gran compañía de seguros.

RESUMEN DE LOS PASOS DADOS EN ESTE CIERRE
Y
"RECORDATORIO DE BOLSILLO"

1. Escríbase *de antemano* el pedido, la solicitud o contrato, incluso aunque no se tenga nada más que el nombre y la dirección del prospecto para escribirlo allí.

2. Márquese con una *gran* "X" cada lugar donde él haya de firmar, si es que se requiere su firma.

3. Las primeras palabras del vendedor tienen que ser: "¿Es correcto eso, señor Blank?" en el instante de colocar el papel encima de la mesa. Si la entrevista se celebra de pie, colóquese el papel desdoblado en sus manos.

4. ¡La situación es de *ustedes* ahora! Uno de los mayores servicios que un hombre puede prestarle a otro, es ayudarle a tomar una decisión inteligente.

RESUMEN

QUINTA PARTE

RECORDATORIOS DE BOLSILLO

1. No hay que tirar la caña, sino el anzuelo. El acceso o acercamiento debe tener un solo objetivo —vender la entrevista de la venta. El producto no, la entrevista de ustedes. Es vender antes de haber vendido.

2. La base de las ventas estriba en conseguir entrevistas. Y el secreto de celebrar entrevistas buenas, atentas, corteses está en vender las citas. El secreto para hacer citas consiste en no andar buscando un "home run", y procurar situarse en "primera base" Primero se vende la cita. Después, se vende el producto.

3. El mejor modo de soslayar secretarias y telefonistas está en no intentarlo nunca. Hay que ser honrado y sincero con ellas. Procúrese adquirir su confianza. No deberán emplearse jamás, triquiñuelas o subterfugios.

4. "Si desean ser astros en el juego de las ventas, tendrán que practicar lo que en ellas es fundamental, el a.b.c. de su trabajo, gra-

barlo con tal fuerza en su mente, que llegue a convertirse en una parte de su ser..." Escríbase la plática de la venta palabra por palabra. Váyase mejorando. Léase y reléase hasta saberla. Pero no hay que aprenderla de memoria. Ensáyese con la esposa, con el instructor, con otro vendedor. Dígase una y otra vez hasta que se le tome cariño. Ya lo dijo Knute Rockne: "Persistir... persistir... persistir."

5. Dramatícese en todo lo posible. "Una demostración vale más que mil palabras." Déjese que actúe el cliente. *Déjese que el cliente le ayude a uno a realizar la venta.*

6. "No olvidar nunca a un cliente; no dejar que el cliente nos olvide." Los clientes nuevos son la mejor fuente para negocios nuevos... ¡los clientes *nuevos!* Síganse las pistas nuevas, mientras todavía estén recientes. Infórmese sobre los resultados conseguidos, sean buenos o malos. *Tómense posiciones para la jugada siguiente.*

7. *Todos los días* debemos revisarnos a nosotros mismos en cuanto respecta a las reglas para el cierre de la venta. Repítase hasta que llegue a ser tan natural en nosotros, como la propia respiración. Estúdiense los "Recordatorios de Bolsillo" anteriores después de una entrevista infructuosa, para comprobar lo que se ha hecho mal, o lo que puede haberse hecho en forma distinta. Esta es la prueba del ácido.

SEXTA PARTE

NO SE DEBE TEMER AL FRACASO

33. ¡NO SE DEBE TEMER AL FRACASO!

UN HERMOSÍSIMO sábado del verano de 1927, treinta y cinco mil fanáticos del béisbol llenaban el "Shibe Park" de Filadelfia. Por una serie de fallas habidas en su juego, estaban poniendo verde a Babe Ruth. La culpa de todo la tenía Bob Grove uno de los "pitchers" zurdos más grandes de todos los tiempos.

Cuando el magnífico "slugger" regresó a la banca en medio de un espantoso abucheo, levantó los ojos a las tribunas, sonriendo, se echó un poco hacia atrás la gorra, y bebió calmosamente un trago de agua.

En el octavo "inning" cuando apareció a "batear" en su tercer turno, la situación era crítica. Los "Athletics" iban delante de los "Yankees" en razón de 3 a 1. Las bases se encontraban llenas y dos estaban fuera. Cuando Babe seleccionaba su "bate" favorito y se encaminaba a tomar posiciones, la multitud se incorporó como si se hubiera tratado de un solo hombre. ¡La excitación era tremenda!

Los partidarios de Grove le animaban para que acabara con su rival, y bien se veía que el juego iba a estar muy reñido.

Cuando el temible "bateador" tomó posiciones, la multitud llegó al punto máximo del histerismo. Hubo una pausa. Mickey Cochrane, el gran "catcher" de los "Athletics", se agachó para dar la señal. Grove lanzó una con velocidad asombrosa. "¡'Strike' uno!" rugió el "umpire". Nueva señal y otro fracaso de Babe. Una vez más, volvió a rugir el "umpire": "¡'Strike' dos!"

Ruth se tambaleó —*y se vino abajo*. Literalmente giró sobre sus pies. Se levantó una nube de polvo cuando el gigantesco jugador quedó tendido en el suelo. El gentío estaba a punto de enloquecer. Me volví a un extraño que se encontraba a mi lado y le grité algo al oído. Pero el ruido era tan enorme que ni siquiera alcancé a oír mi propia voz. Finalmente, el *Bambino* se incorporó, se sacudió el polvo de los pantalones, se secó las manos y se colocó para el siguiente "pitch". Grove lanzó la pelota con tal velocidad que nadie la vio. ¡Babe conectó esta vez! Fue tan sólo una fracción de segundo, y nadie parecía comprender lo que había sucedido. ¡Esa pelota nunca regresó!

Fue una de las mejores jugadas que se hayan hecho en el béisbol.

Cuando Babe Ruth corrió de una base a la otra y recorrió el campo detrás de los demás corredores —con lo que vino a ser la última carrera— la multitud le prodigó una ovación salvaje.

Observé atentamente a Ruth cuando levantó la vista a las tribunas y se quitó la gorra sin perder su sonrisa. *La expresión de su rostro era exactamente la misma que tuviera anteriormente.*

Posteriormente, en esa misma temporada, después que los "Yankees" confirmaron la posesión del banderín de la "Liga Americana", Grantland Rice entrevistó a Ruth. "Babe", le preguntó, "¿qué haces cuando te encuentras en uno de esos malos momentos?" A lo cual Babe se apresuró a replicar: "Pues de todas maneras sigo jugando. Sé que la vieja ley de los promedios va a servirme igual a mí que a todos los demás, si no desisto y continúo firme en mi puesto. Si fallo dos o tres veces en un juego, o aunque fuera una semana, ¿por qué voy a molestarme? Dejo que sean los "pitchers" quienes se preocupen; ya que al final serán ellos quienes paguen las consecuencias".

Esta fe inconmovible en la ley de los promedios facultó a Babe Ruth para aceptar sus fracasos con una sonrisa. Esta filosofía sencilla tuvo mucho que ver en cuanto al puesto que alcanzó entre los más grandes del béisbol.

¿Por qué cuando se nos refieren las grandes hazañas de los triunfadores en los deportes, o en los negocios, raramente se habla de sus fracasos? Por ejemplo, al leer el sorprendente record de Babe Ruth vemos que alcanzó la fantástica cifra de 851 "home runs", pero hay otro record suyo que es ocultado cuidadosamente, que no se menciona jamás y, según el cual, ¡fracasó 1,330 veces! Mil trescientas treinta veces sufrió la humillación de regresar a la banca en medio de las cuchufletas y el ridículo. Pero, lo importante, es que el temor al fracaso no consiguió amilanarle ni debilitar su esfuerzo.

¿Les descorazonan a ustedes sus fracasos? ¡Fíjense bien! El promedio de ustedes es tan bueno como el de todo el mundo. Si no logran ver su nombre escrito entre el de los triunfadores, no culpen de eso a su fracaso. Examinen sus récords. Probablemente descubrirán que es debido a la falta de esfuerzo. No han concedido a la vieja ley de los promedios la oportunidad de trabajar en favor de ustedes.

Estudien este promedio: en 1915 Ty Cobb estableció el asombroso record de 96 "bases robadas". En 1922, siete años más tarde, Max Carey, de los "Piratas" de Pittsburg, establecía un segundo record, 51 "bases robadas". ¿Significa esto que Cobb fuera el doble de bueno que Carey, su rival más próximo? Decídanlo ustedes mismos.

Estos son los hechos:

		Cobb	Carey
Intentos	....	134	53
Fracasos	....	38	2
Aciertos	....	96	51
Promedio	....	71%	96%

Nos encontramos con que el *record* de Carey fue mucho mejor que el de Cobb, pero éste lo intentó 81 veces más que aquél. Sus 81 intentos más, produjeron 44 "bases robadas" más que en el caso de Carey. Se arriesgó 81 veces más en una temporada, que su rival más próximo. Generalmente, Cobb está considerado como el jugador más grande de todas las épocas.

'Ty Cobb no tuvo miedo al fracaso. ¿Le sirvió de algo? Pues verán, Ty ha podido vivir confortablemente retirado durante dieciocho años y ha tenido la suficiente cordura para pagar primas anuales sobre seguros de vida sumamente importantes, de forma que sus herederos dispondrán de suficiente dinero en metálico para pagar los impuestos de herencia que reclama el Tío Sam.

¿Creen ustedes en sí mismo y en las cosas que desean hacer? ¿Están preparados para los fracasos y los errores?

Debo reconocer que mi inspiración se la debo al siguiente *record* de fracasos:

Cierto joven se presentó como candidato a la legislatura de Illinois y experimentó una terrible derrota.

Entró a continuación en los negocios —fracasó— y se pasó diecisiete años de su vida pagando las deudas de un socio que no lo merecía.

Se enamoró de una bellísima joven y se comprometieron en matrimonio... pero ella murió.

Volviendo a la política, se presentó como candidato al Congreso y fracasó estrepitosamente.

Intentó conseguir un cargo en el Departamento del Catastro de los Estados Unidos, y falló en el intento.

Fue candidato al Senado de los Estados Unidos, y experimentó una derrota terrible.

Dos años más tarde era derrotado por Douglas.

Un fracaso tras otro —fracasos espantosos— grandes caídas; pero frente a todo ello, seguía firme en su propósito y llegó a ser uno de los hombres más grandes de la Historia.

Tal vez hayan oído hablar de él. Se llamaba Abraham Lincoln.

Recientemente me encontré con un antiguo vendedor que ahora es empleado de oficina en una fábrica de poca importancia. Me dijo que el miedo al fracaso le había impedido llegar a ser un buen vendedor. "Cuando iba en busca de un prospecto que me había sido indicado por la compañía, me alegraba de no encontrarle. Si llegaba a entrevistarme con él, tenía tanto miedo de no conseguir la solicitud, que me ponía nervioso, excitado, y obraba en forma extraña. Consiguientemente, mi esfuerzo por hacer la venta era pobrísimo."

El miedo al fracaso es una debilidad sumamente común en la mayoría de los hombres, mujeres y niños.

La otra mañana estuve desayunándome en el "Mt. Alto Hotel" con Richard W. Campbell, de Alttona, Pennsylvania. Dick ha logrado un *record* fenomenal vendiendo seguros de vida de la "Fidelity Mutual Life Insurance Company" Se trata de un hombre que ha logrado ascender de la nada, prácticamente. Le pregunté si alguna vez había sentido el miedo al fracaso. Me sorprendió oírle decir que casi estuvo a punto de abandonar el negocio de las ventas por esa razón. Pero, escuchemos a Dick por un momento:

"Nadie podía llegar a un nivel de descorazonamiento más bajo que el mío: no podía pagar mis cuentas, no tenía dinero, estaba siempre sin cinco centavos. Llegué a sentirme tan avergonzado de mis informes de trabajo, que empecé a falsearlos indicando visitas que no había realizado (me refiero a mis propios informes), con lo cual no hice sino engañarme a mí mismo. ¡Ningún hombre puede llegar ya más abajo! Un día, me fui en mi automóvil al campo, a un camino solitario y en ese lugar me detuve durante tres horas. "¿Por qué haces esto?" me pregunté mentalmente. Me insulté a mí mismo. "Campbell", me dije para mis adentros, "si esta es la clase de hombre que

tú eres, si te vas a engañar a ti mismo, engañarás también a
los demás. Estás condenado al fracaso... sólo hay una solución que escoger, y eres tú quien ha de hacerlo... pero ahora mismo. ¡No hay otra oportunidad... tiene que ser *ahora
mismo!"*

A partir de ese día, Dick Campbell ha llevado sus registros de trabajo ordenada y verazmente. "En este mundo, o nos
disciplinamos nosotros, o los demás se encargarán de hacerlo." Suele decir Dick. "Y, claro está, prefiero disciplinarme
yo." Él cree que al adoptar este plan pudo eliminar todo su
miedo al fracaso. "Si un vendedor pierde la costumbre de visitar solamente a los prospectos precisos, perderá también su
sentido de la indiferencia."

El doctor Louis E. Bisch, uno de los psiquiatras más destacados de la nación, escribió lo siguiente: "Cultivad un poco
la costumbre de la despreocupación; que no os entorpezca lo
que la gente pueda pensar. Esto os hará amar al prójimo y
que él también os ame."

Cuando se esfuerza con exceso y siente demasiada ansiedad, tiene mal aspecto. Está mal. Sí, hay que seguir, pero
sin miedo a perder hoy. Hoy no es el día de su derrota. Pueden "batear" 300 diariamente. A la multitud le agrada el buen
perdedor; todo el mundo desprecia al que abandona la lucha.

"Mi gran inquietud", decía Lincoln, "no es por si has fracasado, sino por saber si estás contento con tu fracaso."

Thomas A. Edison experimentó diez mil fracasos antes de
llegar a inventar la lámpara incandescente. Edison se hizo a
la idea de que cada fracaso le iba acercando más y más al
triunfo.

Los fracasos nada significan si se logra el triunfo. Y esta
es la idea que debe animar a ustedes y ayudarles a seguir en
el camino emprendido, por muy duro y difícil que pueda
parecerles.

¡Sigan adelante! Cada semana, cada mes, ustedes van

mejorando. De pronto, un día, encontrarán la manera de hacer algo que hoy les parece imposible.

Ya escribió Shakespeare: "Nuestras dudas son traidoras, y nos hacen perder lo que habríamos podido ganar, por temer llevar a cabo el intento."

EL VALOR NO ES LA AUSENCIA DE MIEDO,
ES SU CONQUISTA

34. EL SECRETO DEL ÉXITO DE BENJAMÍN FRANKLIN, Y LO QUE HIZO POR MÍ

PROBABLEMENTE ESTE CAPÍTULO debiera haber estado al comienzo del libro, pero lo he venido conservando para el final, porque es, tal vez, el más importante de todos. Es el camino recorrido por mí.

Nací durante los huracanes de 1888 en una casita modesta de la Calle Nassau, en Filadelfia. En ambos lados de nuestra calle había postes para el alumbrado, instalados a cada cincuenta yardas. Siendo un niño, recuerdo haber estado observando todos los atardeceres al encargado de encender esos faroles, el cual recorría la calle llevando una antorcha crepitante. Se detenía junto a cada farol, levantaba la antorcha hasta el sitio conveniente, y lo encendía. Habitualmente le miraba hasta perderse de la vista, dejando tras de sí un reguero de luces para que la gente pudiera ver el camino.

Muchos años después, cuando tanteaba en la oscuridad, tratando desesperadamente de aprender a vender, encontré un libro que ha afectado enormemente mi vida. *La Autobiografía de Benjamín Franklin*. La vida de éste me hizo recordar al farolero aquel. También él, ha dejado tras de sí un rastro de luz para que los demás puedan ver el camino que recorren.

Una de esas luces brillaba con la fuerza de un faro, una de las ideas de Franklin cuando sólo era un pequeño impresor de Filadelfia y estaba agobiado por las deudas. Se consideró un hombre sencillo de habilidad ordinaria, pero creyó que podía adquirir los elementos o principios esenciales para triunfar en la vida, si es que conseguía encontrar el procedimiento correcto. En posesión de una gran inventiva, descubrió un método tan simple, y tan práctico sin embargo, que todos pueden usarlo.

Franklin seleccionó trece propósitos que pensó le eran necesarios o deseables y que precisaba adquirir y dominar, y prestó a cada tema una semana sucesiva de gran atención. De esta forma, pudo recorrer toda su lista en el espacio de trece semanas, y repetir el proceso cuatro veces al año. Ustedes encontrarán un duplicado exacto de los trece propósitos de Franklin en la página 273 conforme aparecen en su autobiografía.

Al llegar a la edad de setenta y nueve años, Benjamín Franklin escribió más acerca de esta idea, de todo cuanto hubiera podido sucederle en su vida entera —quince páginas— pues a esta *sola cosa,* achacaba él todos sus éxitos y felicidad. Concluyó escribiendo: "Espero, por lo tanto, que algunos de mis descendientes puedan seguir el ejemplo y cosechar el beneficio."

Cuando leí estas palabras por primera vez, volví ansiosamente de nuevo a la página donde Franklin explicaba su plan. En el transcurso de los años, la he releído docenas de veces. ¡Lo consideraba como su legado especial para mí!

Pues bien, se me ocurrió pensar que si un genio como Benjamín Franklin, uno de los hombres más sabios y prácticos que hayan pisado sobre la Tierra, había creído que esta era la cosa más importante hecha por él, ¿por qué no debía yo intentarla también? Supongo que si hubiese ido a la Universidad, o a la Escuela Secundaria siquiera, habría pensado que era yo demasiado listo para emprender semejante cosa. Pero yo tenía el complejo de la inferioridad por haber ido a la escuela solamente seis años en toda mi vida. ¡Luego, cuando supe que Franklin solamente había ido *dos* años, y que ahora las mejores Universidades del mundo le rendían honores, pensé que sería un tonto si *no* lo intentaba! A pesar de todo, mantuve en secreto lo que estaba haciendo. Temía que la gente se riese de mí.

Seguí el plan exactamente como él recomendaba hacerlo. Lo adapté a las ventas. De los trece propósitos de Franklin escogí seis, luego, sustituí los siete restantes por otros que pensé me serían más útiles en mi negocio; temas o propósitos en los que me sentía demasiado flojo.

He aquí mi lista, y el orden en que los fui empleando:

1. Entusiasmo.
2. Orden: auto-organización.
3. Pensar en cuanto al interés ajeno.
4. Preguntas.
5. Salida-clave.
6. Silencio: escuchar.
7. Sinceridad: merecer la confianza.
8. Conocimiento de mi negocio.
9. Aprecio y alabanza.
10. Sonrisa: felicidad.
11. Recordar nombres y caras.
12. Servicio y busca de prospectos.
13. Cierre de la venta: acción.

Hice una tarjeta de 3 por 5 pulgadas, un "recordatorio de bolsillo", para cada uno de mis propósitos, con un breve resumen de los principios, similar a los "recordatorios de bolsillo" que se mencionan en las páginas de este libro. La primera semana, llevé conmigo la tarjeta correspondiente al *Entusiasmo*. En algunos momentos del día, leía estos principios. En una sola semana determiné duplicar la cantidad de entusiasmo que había estado poniendo en mis ventas, y en mi vida también. La segunda semana, llevé en el bolsillo la tarjeta del *Orden: auto-organización*. Y así continué todas las demás semanas.

Después de completadas mis primeras trece semanas, y

comenzar de nuevo con mi primer propósito —*Entusiasmo*— advertí que iba mejorando. Comencé a sentir una especie de fuerza interior que jamás había conocido hasta entonces. Cada semana, comprendía más claramente mi propósito. Se iba adentrando más en mí. Mi negocio se iba haciendo más y más interesante. ¡Había llegado a ser excitante!

Al final del primer año, había completado cuatro veces el temario. Me encontré haciendo las cosas con toda naturalidad, y en forma inconsciente, cosa que no se me habría ocurrido doce meses antes. Aunque me hallaba muy lejos de dominar ninguno de estos principios, comprendí que el plan era una verdadera fórmula mágica. ¡Sin él, dudo mucho que hubiera podido mantener mi entusiasmo... *y creo que si un hombre consigue mantener su entusiasmo por tiempo suficiente, lo conseguirá todo!*

Esta es una cosa asombrosa para mí: Raramente conozco alguna persona que no haya oído hablar del plan de las trece semanas de Franklin, pero ¡jamás he encontrado a una sola que me dijera que lo ha intentado! Sin embargo en las postrimerías de su larga y azarosa vida, Benjamín Flanklin escribió: "Espero, por lo tanto, que algunos de mis descendientes puedan seguir el ejemplo y cosechar el beneficio."

No conozco nada mejor para que lo haga un gerente de ventas en beneficio de sus vendedores, como obligarles a seguir todo este plan, con lo cual conseguirán asegurarse el éxito.

Recuérdese que Franklin era un científico. Y este plan lo es también, como consecuencia. Rechácese, y habrán ustedes rechazado una de las ideas más prácticas que les hayan ofrecido en su vida. Lo sé. Lo sé debido a lo mucho que hizo por mí. Sé que puede hacer lo mismo por todo aquel que lo ponga en práctica. No es cosa sencilla. No es un camino *fácil*. Pero si es un camino seguro.

LOS TRECE PROPÓSITOS DE FRANKLIN

(exactamente como él los escribió, y en el orden
en que los utilizó)

1. *Templanza* —No deberá comerse hasta el embotamiento, ni beberse hasta la embriaguez.

2. *Silencio* —No deberá hablarse sino de aquello que pueda beneficiar a los demás o a uno mismo; se evitará la conversación banal.

3. *Orden* —Procúrese que todas las cosas tengan su sitio; que cada parte de su negocio tenga su momento.

4. *Resolución* —Resuélvase hacer aquello q debe hacerse; llévese a cabo sin desmay cuanto haya sido .

5. *Frugalidad* —No se harán más gastos que aquellos que beneficien a los demás o a uno mismo; no deberá malgastarse nada.

6. *Industriosidad* —No se debe perder tiempo; hay que estar siempre ocupado en algo útil; elimínense todas las acciones innecesarias.

7. *Sinceridad* —No deberán emplearse artificios que defrauden a nadie; hay que pensar con inocencia y justeza, y, si se habla, hacerlo de acuerdo con eso.

8. *Justicia* —Deben evitarse las injurias y la omisión de aquellos beneficios que son de nuestra obligación.

9. *Moderación* —Evítense los extremos; sopórtense las injurias con paciencia, hasta donde se crea que lo merecen.

10. *Limpieza* —No deberá tolerarse la falta de limpieza en el cuerpo, la habitación, o los vestidos.

11. *Tranquilidad* —Nadie se moleste por trivialidades, o accidentes comunes o inevitables.

12. *Castidad* —Apélese al venéreo solamente por salud o para la reproducción, jamás hasta el embotamiento, la debilidad, o el perjuicio propio o la paz y reputación ajenas.

13. *Humildad* —Imítese a Jesús y a Sócrates.

35. HABLEMOS SINCERAMENTE ENTRE NOSOTROS

SI YO FUESE su propio hermano, les diría exactamente lo mismo que voy a decirles ahora... ¡no les queda mucho tiempo!

No sé su edad, pero supongamos, por ejemplo, que andan en los 35 años más o menos. *Es más tarde de lo que creen.* Enseguida se encontrarán en los 40. Y una vez hayan pasado de los 40, el tiempo se va volando. Lo sé. Ahora, en el momento en que estoy escribiendo, he llegado a los sesenta y uno, y apenas si puedo creerlo. Mi cabeza empieza a darme vueltas cuando pienso en lo rápido que se ha ido el tiempo desde que cumplí los cuarenta años.

Ahora que ya han leído este libro, creo saber lo que ustedes sienten. Exactamente lo mismo que yo si lo leyese por vez primera. Es tanto lo que han leído, que acaso se sientan confusos. No saben qué hacer, ni cómo empezar.

Pues bien, ahí van tres cosas, a sabiendas de que harán una de las tres:

PRIMERA: Nada. Si no llegan a hacer nada, el hecho de haber leído este libro representará haber perdido completamente el tiempo.

SEGUNDA: Pueden decir: "Bueno, aquí hay muy buenas ideas. Haré con ellas lo mejor que pueda. Les prestaré interés.

Si hacen esto, les profetizo el fracaso.

TERCERA: Pueden tomar el consejo de uno de los talentos más grandes que haya producido jamás este Continente, el de Benjamín Franklin. Sé exactamente lo que él diría a ustedes si les fuese posible sentarse a su lado y pedirle consejo. Les diría que hicieran cada cosa a su tiempo, y concederle una semana de atención estricta a esa *sola* cosa; *dejando que todas las demás corrieran su oportunidad ordinaria.*

Bien sea mi lector un impresor, un vendedor, un banquero, o un vendedor ambulante de dulces, supongamos que selecciona los trece propósitos que mejor le acomodan. Concentrándose en una sola cosa a su debido tiempo, llegará más lejos en una semana que, de otro modo, hubiese llegado en un año. Se adquirirá una nueva confianza en sí mismo. Al finalizar las trece semanas, tengo la seguridad de que les sorprenderá el progreso logrado. Si sus amigos, socios en el negocio, y su familia, no le dicen nada sobre el gran cambio observado en usted —entonces, *lo sé,* para cuando repitan las segundas trece semanas, *todo el mundo* verá en usted una persona extraordinariamente distinta.

Voy a poner punto final a este libro, exactamente igual que lo comencé.

Cuando Dale Carnegie me invitó a ir con él en un viaje como conferencista, la idea me pareció fantástica —sin embargo, cuando me enfrenté a aquellos jóvenes de esa gran organización que es la "Cámara Junior de Comercio", me inspiraron de tal manera que no tardé en verme haciendo lo que había pensado me iba a ser imposible —dar tres charlas cada noche, durante cinco noches consecutivas, al mismo auditorio— en treinta ciudades, desde una costa hasta la otra.

Más fantástico todavía me pareció escribir un libro. Pero empecé. He tratado de escribirlo de igual modo que hablo —el

recuerdo de aquellos rostros magníficos ha estado continuamente delante de mí— apremiándome a que lo hiciera. Aquí
está. Confío que les agrade a ustedes.

F I N

CPSIA information can be obtained
at www.ICGtesting.com
Printed in the USA
LVHW01s2325021018
592222LV00001B/97/P